・京・瞬・歓・

中田 昭

nakata akira

・京・瞬・歓・

自然が織り成す豊かな風景。
文化に培われた雅やかな光景。
伝統が育んだ奥深い情景。
心を動かす京都の瞬間の美しさ、
それは歓び。

はじめに

中田　昭

　京都は、三方をなだらかな山並みに包まれ、市中を鴨川がゆったりと流れている。日々の暮らしの中で、季節の微妙な移ろいが感じられるのはそんな風土のおかげである。季節感をことさら大切にする人たちは、京都には一年を通じ、四季にも増して「五季」あるとも形容する。

　春の花盛りの美しさや、秋の紅葉の彩りなどに心を躍らせる時期もあるが、「油照り」と形容される盆地特有の風のない酷暑や、冬の「底冷え」に閉口させられることも多い。そんな自然に抗うことなく、知恵を生かして折り合いを付けながら、都の暮らしが続けられてきた。それは、一年の時間を縦糸に多くの歳事などが横糸となって紡ぎだされる京都の彩り豊かな生活そのものでる。

「都をどりは、よーいやさ〜」の華やかな掛け声とともに桜花爛漫の春がやってくる。そして、千年以上にわたって続く雅やかな葵祭や豪華絢爛な祇園祭。晩夏は夜空に浮かぶ大文字五山の送り火に手を合わせ、歳末は南座の顔見世で一年を締めくくる。

　文字通り、タイトルの「・京・瞬・歓・」が本書を通じて伝われば幸いである。

目次

秋は夕暮れ

冬はつとめて 115

春はあけぼの

春暁

夜明け前、小高い丘に立って東の空を眺めていると、白みはじめた光の中で山並みの曲線がグラデーションとなって浮かび上がってくる。春先の「霞」は、風景を柔らかく包み込む。随筆「枕草子」を書いた平安時代の女流作家・清少納言は、作品の最初に、「春はあけぼの。やうやうしろくなりゆく……」と、東山を観察しながら、春の夜明けの素晴らしさを映像詩のように描いている。

愛らしい紙雛を乗せた桟俵《さんだわら》が、束帯と十二単姿の生き雛様の手から離れ、御手洗《みたらし》川の水面をゆっくりと流れて行く。平安時代、貴族の間では「上巳《じょうし》の祓い」と呼び、人形に穢れを移し海や川に流す風習があった。この行事が庶民の間にも広まり、江戸時代になると、豪華な雛人形を飾って女児の健やかな成長を願う「ひな祭り」になったといわれる。下鴨神社で行われるこの行事には、平安時代の古《いにしえ》の姿を偲ぶことができる。

流しびな

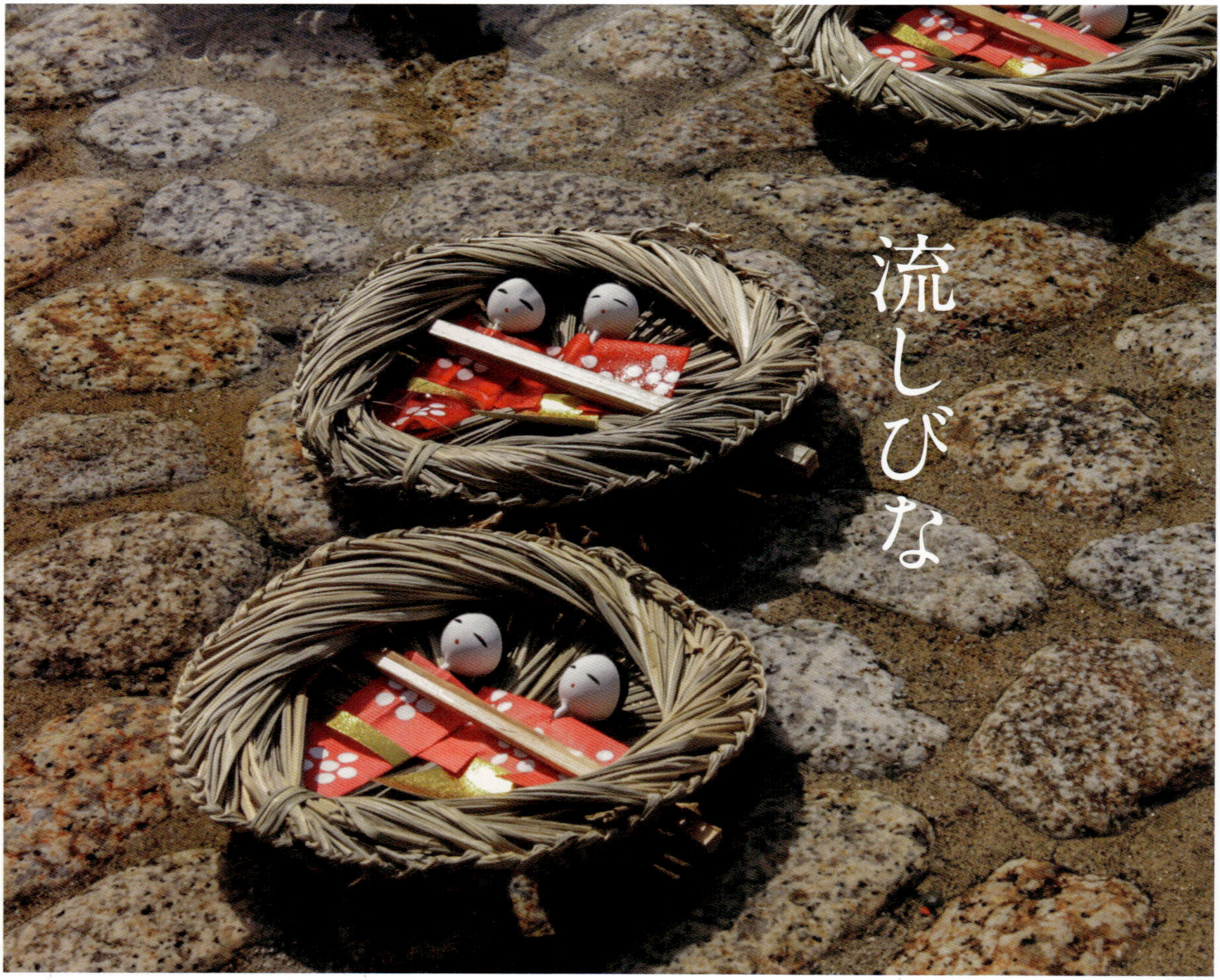

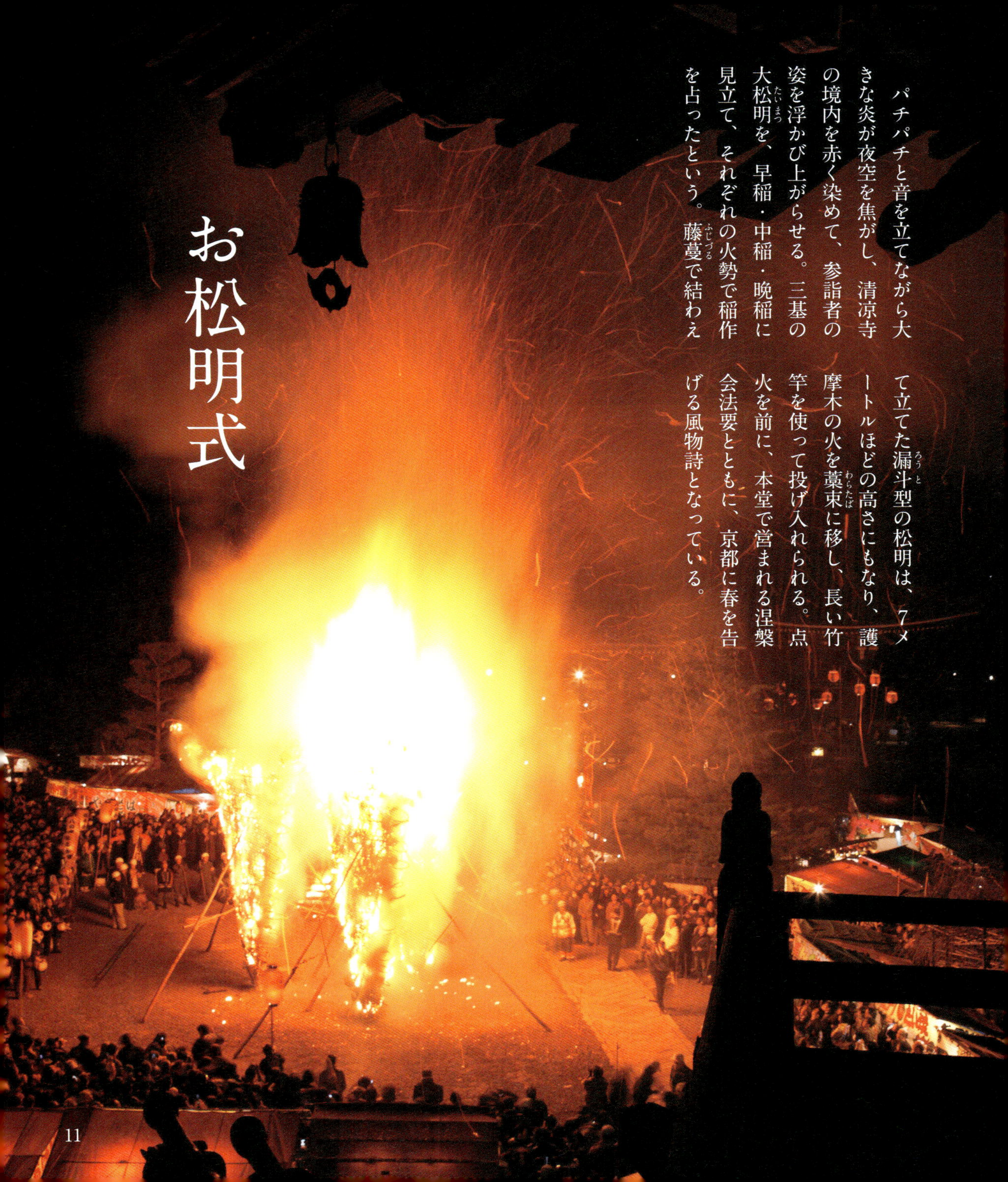

お松明式

パチパチと音を立てながら大きな炎が夜空を焦がし、清涼寺の境内を赤く染めて、参詣者の姿を浮かび上がらせる。三基の大松明《たいまつ》を、早稲・中稲・晩稲に見立て、それぞれの火勢で稲作を占ったという。藤蔓《ふじづる》で結わえて立てた漏斗《ろうと》型の松明は、7メートルほどの高さにもなり、護摩木の火を藁束《わらたば》に移し、長い竹竿を使って投げ入れられる。点火を前に、本堂で営まれる涅槃会法要とともに、京都に春を告げる風物詩となっている。

春時雨

鞍馬街道を北に向かって車を走らせている途中、山の端から出てきた雲が、時に雷鳴を轟かせながら時雨を運んできて驚くことがある。もうすぐ春という気分を打ち砕き、寒さのぶり返しも感じさせる「春時雨」。しかし雨脚が遠のくと、明るい日が射し、淡く虹が懸かることもある。降雨は大地を潤し、「三寒四温」を繰り返しながら新しい芽吹きがはじまり、その萌黄色に命の循環を実感する。

春彼岸

春分（3月20日前後）は、太陽が真東から昇り真西に沈む。この日を中日として、前後3日を加えた7日間が春の「お彼岸」と呼ばれ、先祖供養のためにお墓参りや法要が行われる。東山の緑に抱かれた西国三十三所観音霊場第16番礼所の清水寺。夕刻、高台に立つ桃山様式の西門が照り返しを受けて、極彩色に浮かび上がる。市内を一望しながら西山に沈む日輪を眺め、しばし西方浄土に思いをはせる。

はねず踊り

平安時代の歌人、小野小町の邸宅跡と伝わる随心院。深草少将が、美しい小町を慕って「百夜通い」の悲願を抱き通い続けたものの、99日目の夜、大雪によって通うことがかなわず途切れ、小町の心は離れてしまったという。遅咲きの「はねずの梅」の咲くころ、里の子どもたちが家々を回って百夜通いにちなんだ童謡を歌い踊る習慣があったが、大正時代末ごろには途絶えたという。昭和48年、古老の記憶をもとによみがえらせ、「はねず踊り」として毎春境内で披露される。

本堂で神妙に手を合わせる晴れ着姿の子どもたち。京都では、数え年13歳になると、嵐山の「虚空蔵《こくぞう》さん（法輪寺）」に両親などとお参りし、「智恵」を授けてもらう風習がある。男女とも13歳という年齢は、心身とも子どもから大人に成長する不安定な時期。お参りの帰り道、「渡月橋」を渡る時に振り返ると、授かった「智恵」を返してしまうと強くいわれ緊張して歩いたことや、対岸へ着いたときの安堵感、少し大人になったような気分が懐かしく思い出される。

十三まいり

「今年も咲きましたな〜」と、提灯の明かりに浮かぶ「魁桜《さきがけざくら》」（平野神社）を前に感慨深く交わされる会話。昔から花といえば桜を連想し、日本人の心に響いて愛でられる花は他にないだろう。花の精に誘われるような高揚感も、他の季節には得難い気分である。「世の中に全く桜というものがなかったなら、どんなにか春をのどかにすごせるだろうに」（古今和歌集）と在原業平も歌に残している。

花供養

ちらほらと桜舞う「常照寺」。参道の先に、朱の山門が見える。江戸時代の名妓・吉野太夫が、日乾上人に帰依して、生前に寄進したものである。気品ある美貌だけでなく、和歌や茶の湯などの諸芸にも秀で、当代随一と謳われた。その後、灰屋紹益《はいやじょうえき》（京の豪商）との生活も10年あまり、38歳の若さで儚《はかな》くもこの世を去った。吉野桜に彩られた墓前での法要、艶やかな島原太夫の道中やお茶会などで偲ばれる。

山里に佇む、禅刹の常照皇寺。茅葺き屋根の方丈前に大きく枝を広げて咲く「御車返《みくるまがえ》しの桜（二代目）」は、江戸時代はじめ後水尾天皇が行幸の折り、目にした美しい桜が一重・八重のどちらだったかを確かめるため、途中から御車を返したところから命名された。広い境内には樹齢600年以上の「九重桜」（天然記念物）や、京都御所から株分けされたと伝わる「左近の桜」の三名桜が、花期をずらしながら移ろう春の風情を醸し出す。

御車返しの桜

春宵一刻

愛宕山がシルエットとなって広沢池に横たわり、満開の桜が夕照を受けながら、嵯峨野は静かに暮れてゆく。春宵のひとときき、風がやんで空が群青色へと静かに変化しながら夜の帳が降りる。「春宵一刻値千金」、春の宵の移ろいは、千金にも値すると詩に残した中国詩人の蘇軾《そしょく》。この「一刻」とは、水時計の目盛りひとつの短い時間のことで、暮れなずむ美しさと春の愁いが伝わってくる。

やすらい祭

散り急ぐ桜の下で、鉦・太鼓を激しく打ち鳴らして大鬼が乱舞する。満開の桜は、豊作の兆しとして歓迎されてきたが、人口の多い都（平安京）では、花の散る様子を疫病の流行と重ねて恐れられた。「やすらい花よ（ゆっくり咲けよ、散り急ぐな）」の囃子ことばと笛の音が春風に乗って氏子地域に流れてくる。山桜や椿などで飾られた「風流傘」の下に入ると、一年間、健康で過ごせるといわれている。

花御堂

ルンビニの花園で釈迦が誕生したとき、甘露の雨が降り祝福されたといわれる。立ち上がり七歩あゆんで、右手で天を、左手で地を指し「天上天下唯我独尊」と、言葉を発し、自分と同じように、この世に生まれたすべての人に、かけがえのない命と心があると説いた。4月8日は、「花まつり」。尼門跡寺院の霊鑑寺では、庭園に咲いた色とりどりの銘椿で花御堂《はなみどう》をしつらえ、釈迦の小像に甘茶を掛ける。

藤波

神苑（城南宮）の藤棚に初夏の日射しが注ぎ、長い房が風に揺れる。藤波を眺めていると、いつしか「源氏物語」の世界へと誘われてゆく。平安時代、紫式部によって書かれたこの物語は、通奏低音のように紫に彩られながらストーリーが展開してゆく。光源氏が幼いころに亡くなった母の「桐壺更衣」、不義の恋をした義母の「藤壺」。そして、最愛の女性となる「若紫（紫の上）」との出会いなど、紫ゆかりの物語である。

六角さん

芽吹いた六角柳が春風に揺れ、「南無観世音菩薩」と背中に書かれた笈摺《おいずる》姿（はんてん状の白装束）の巡礼者が本堂で手を合わせる。２０１８年は、長谷寺の徳道上人が西国三十三所観音霊場を定めて１３００年の節目の年であった。第十八番札所の頂法寺は、飛鳥時代に聖徳太子によって創建されたという古寺で、「六角さん」と親しみを込めて信仰されてきた。

炮烙割

春風に乗り、壬生寺の狂言堂から「ガンデンデン」と鉦と太鼓の音が流れてくる。壬生大念佛狂言は、鎌倉時代に円覚上人が民衆に仏教の教えを伝えるために始めた無言劇で、壬生大念佛講の人々によって、約700年間一度も絶えることなく続けられてきた。春の大念佛会には7日間にわたり、現在伝わっている30番が演じられるが、連日の最初の演目は決まって「炮烙《ほうらく》割」。節分の日に奉納された炮烙が、狂言堂のへりにうずたかく積まれ、勢いよく地面に落として厄が払われる。

今年竹

竹やぶの土中から筍が姿を表すと、見る間にグングン伸びて、茶色の竹皮を破りながらみずみずしい若竹に成長する。筍の内部にあるヒダが節となる部分で、下の空洞から順番に広がって急速に伸びてゆく。筍の文字には、一旬（10日間）で竹になるほど成長が早いという意味もある。また、漢字に竹かんむりの文字が多いのは、竹が古くから身近な素材であった証しで、食用の筍や生活用具の籠、茶の湯の茶筅など、実用と文化にその広がりを見ることができる。

薫風

新緑まばゆい糺《ただす》の森を、颯爽と人馬が駆け抜ける。雅やかな公家衣装をまとった射手が、100メートル間隔に立てられた3つの杉板の的に向かって、馬上から弓を引き絞り「インヨー（陰陽）」のかけ声とともに矢を放ってゆく。的を射抜くと、観客の「ワーッ」という歓声が森に響きわたる。この「流鏑馬《やぶさめ》神事」は、葵祭（5月15日）の前儀で、古くは「騎射」とも呼ばれた。祭りの場を祓い清め、五穀豊穣も願う。

下鴨神社では、葵祭（5月15日）をまえに、新しく生まれた祭神「荒御魂《あらみたま》」を迎える「御蔭祭」が行われる。比叡山西麓の御蔭神社から、神霊が「糺の森」に到着すると、神馬とともに、行列が瑞々しい新緑の下を祭場（切芝と呼ばれる）へと向かう。雅楽の音色が厳かに流れる中、青摺の衣を着た舞人によって、神を讃える「東游《あずまあそび》」が舞われる。

東游

あおい

新緑まばゆい都大路を、王朝絵巻さながらに、祭りの行列が京都御所より下鴨神社、上賀茂神社へ向かう。「葵祭」と呼ばれるのは「葵を飾り、祭りをおこなって待てば、地上に降りよう」と、神のお告げがあり、その守護を願って参列者の衣装や冠、牛車などに、桂とともに「フタバアオイ」を飾ったからと伝える。枕草子にも「（葵は）大変趣が深い。神代から髪に挿して飾るものとなったそうだが、大変すばらしい」と書き遺されている。

カキツバタ

上賀茂神社の一の鳥居前から東へ、明神川沿いにかつての神職の住まいであった社家の土塀が続く。その北に鎮座する大田神社辺りは、昔の鴨川扇状地の縁にあたるといわれ、５月半ばになると神社そばの沼沢池（約３００坪）でカキツバタの群生が一面に花を咲かせる。いにしえより、気品あるその深い紫色に魅せられた人も多く「神山や大田の沢のかきつばた　ふかきたのみは色にみゆらむ」と藤原俊成（平安・鎌倉時代）も歌に遺している。

船遊び

嵐山の新緑を映す大堰川。龍頭船や鷁首《げきしゅ》船上では管弦舞楽、今様船なども行き交い、王朝の船遊びが再現される。この「三船祭（車折神社の神幸祭）」は、宇多上皇（平安時代）が大堰川で船遊びをしたことにちなみ、昭和3年から催されてきたもので、清少納言役の女性が十二単をまとって、御座船から扇を流す優雅な姿も見られる。

天道花

神様を迎える目印として、5メートルほどの竹竿の先に榊と季節の花を十字に結び青空に向かって立てる。お天道様（太陽）の恵みに感謝し五穀豊穣を祈る行事で、明治時代までは「農耕始め」として西日本各地で行われていた。室町時代の「洛中洛外図屏風（上杉本）」にも民家の庭先に立つ天道花が描かれ、当時の様子を伝える。端午の節句（5月5日）に鯉のぼりを立てるのも、この天道花がもとになっているといわれる。

御霊祭は、863（貞観5）年に悪疫退散を願って行われた御霊会が起源と伝わり、3基の神輿が氏子地域を巡幸する。夕刻、京都御苑に集まった神輿が、担ぎ手の威勢の良い掛け声とともに差し上げられると、西日を受けて金色に輝き祭りは最高潮に。かつて天皇の住まいであった御所の周りには公家屋敷が立ち並び、その間を神輿も巡幸していたというが、東京遷都によって途絶えてしまった。この京都御苑巡幸が、2009（平成21）年約140年ぶりに復活され、古い祭りの姿を目の当たりにできるようになった。

洛北・大原を過ぎ、旧若狭街道を進むと、やがて竜宮風の山門に迎えられる。長い参道の先には、深山幽谷の静けさに包まれた「古知谷阿弥陀寺《こちだにあみだじ》」が佇む。5月半ば、書院の中庭に五重の塔の先端「九輪」に似た、赤・ピンク・黄色など自生のクリンソウが入り交じって咲き、深い緑に映える。寺を創建した「弾誓上人」は、念仏三昧の修行生活を送った4年後の1613（慶長18）年、62歳で即身成仏を遂げたといわれる。

クリンソウ

萌え出た若葉が、しだいに青葉へと移りゆく。万物が成長し、陽気が満ちる「小満」は、二十四節気のひとつで、5月21日頃。山野の植物が花を散らして実を結び、苗を田に植える季節で、景色に明るさと伸びやかさを感じる。源光庵本堂にある「悟りの窓」は、大宇宙を禅的に象徴したもの。座して眺める円窓ごしに、青もみじが光と風に心地よく揺らぎ、緑にすい込まれるように時をわすれる。

嵯峨祭

剣鉾の竿に付けられた鈴が清らかに響き、神輿渡御の先導をする。嵯峨祭は、藤原定家（鎌倉初期の公家・歌人）の日記「明月記」に記載のある古くからの祭礼で、緑濃くなった嵯峨・嵐山一帯の氏子（愛宕神社・野宮神社）町内を2基の神輿が巡行する。俳人・松尾芭蕉（江戸時代）が門人の向井去来の草庵「落柿舎」に滞在（1691）していた間の「嵯峨日記」にも、この祭りのことが書かれている。

凹凸窠

竹林の木漏れ日を受け、掃き清められた参道を進む。庭に向かって大きく開かれた座敷に、時おり静寂な空気を震わせ、「コーン」と鹿おどしの音が響く。詩仙堂の古名は「凹凸窠《おうとつか》」。徳川家康に仕えた石川丈山が没するまでの30年余り、詩仙の教えを支えとし、風雅を楽しんだ隠棲の住まいであった。茅葺屋根の一角には「嘯月楼《しょうげつろう》」が設けられ、丸四角の窓を通し、庭園と市内の風景が望める。

業平忌

「昔、男ありけり……」で始まる「伊勢物語」。その主人公とされる在原業平《なりひら》は、平安時代の貴族で六歌仙のひとり。情熱的な美男子で、晩年は十輪寺に隠棲し、880（元慶4）年5月28日に56歳で亡くなった。藤原高子（二条后）が近くの大原野神社に参詣した折、塩竈《しおがま》を焚いて変わらぬ思いを紫煙で伝えたという。「業平忌」当日、導師は裾の長いはなだ色の素絹をまとい、三味線に合わせて経を唱える十輪寺独特の声明三弦法要が行われる。

小高い毘沙門山に立つ正伝寺。晴れ渡った空に浮かぶ比叡山を借景に、漆喰土塀に囲まれた約100坪あまりの枯山水庭園が、方丈（本堂）前に広がる。砂上には石を置かず、南側（右）から七五三のリズムでサツキの丸刈り込みが配置され「獅子の子渡しの庭」と呼ばれている。秋の深まりとともに鮮やかな紅葉に縁取られ、春の桜や冬の雪など四季に応じて表情を変えながら、訪れるたびに新鮮な気分にさせてくれる。

獅子の子渡し

夏は夜

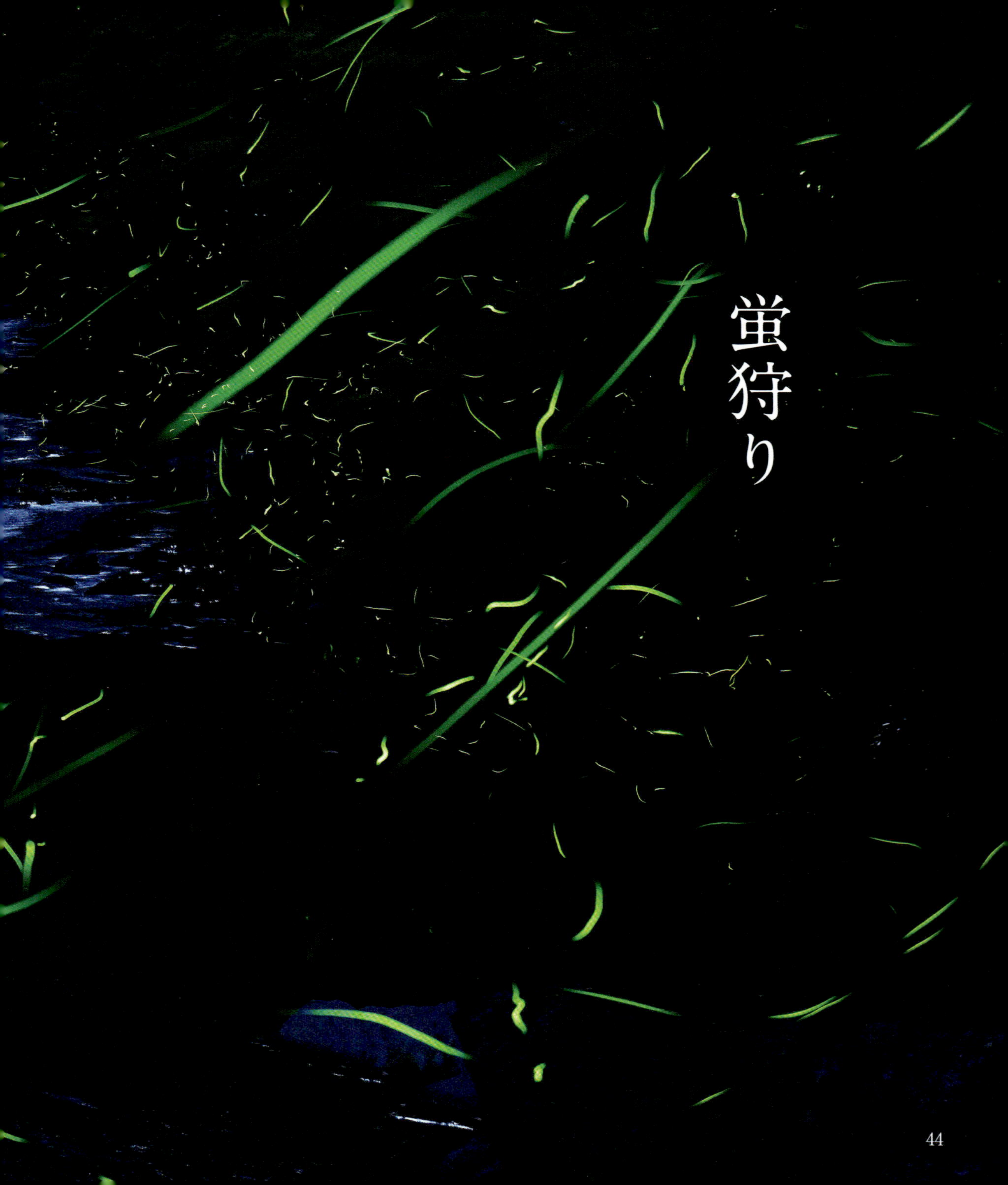

蛍狩り

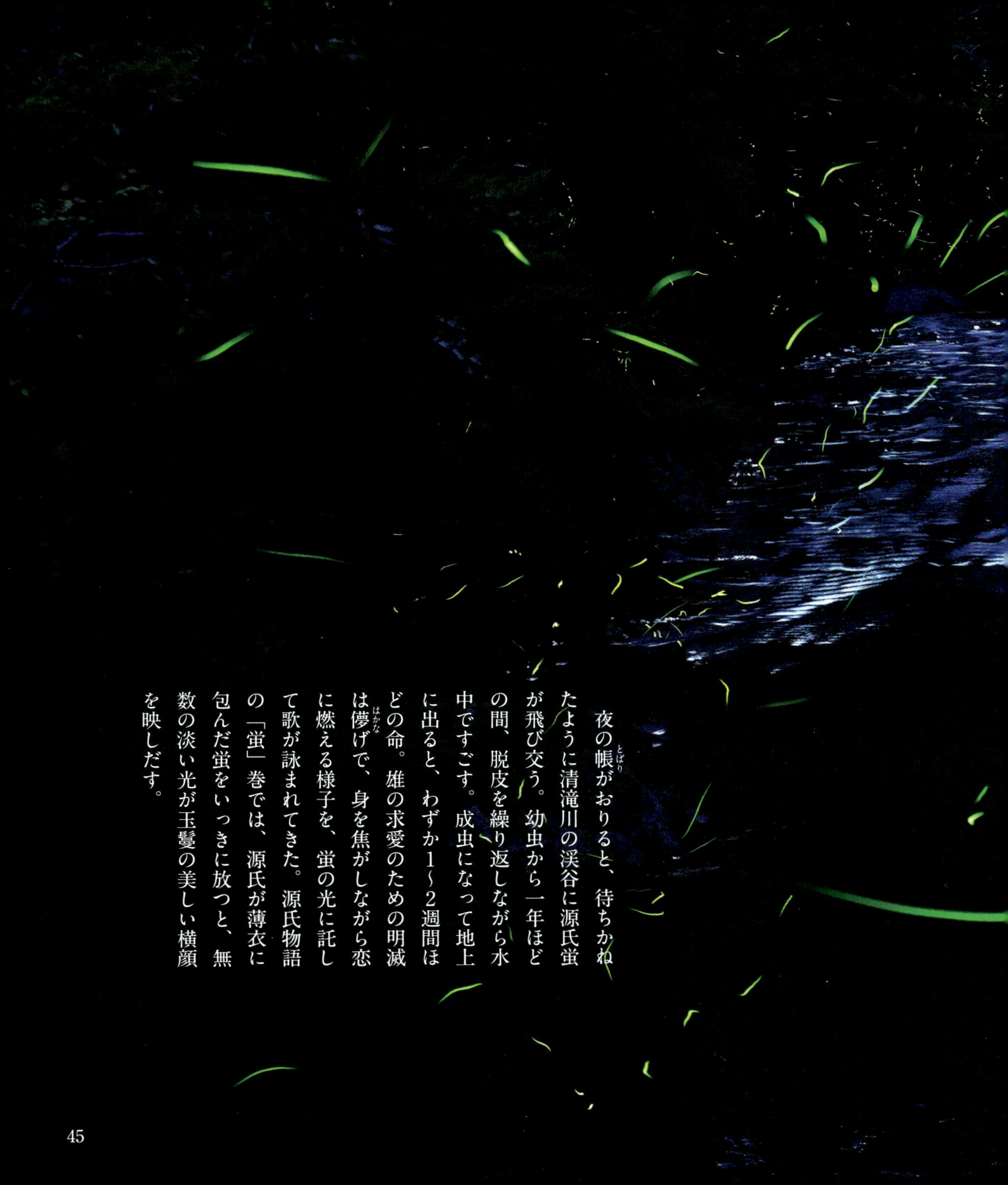

夜の帳《とばり》がおりると、待ちかねたように清滝川の渓谷に源氏蛍が飛び交う。幼虫から一年ほどの間、脱皮を繰り返しながら水中ですごす。成虫になって地上に出ると、わずか1〜2週間ほどの命。雄の求愛のための明滅は儚《はかな》げで、身を焦がしながら恋に燃える様子を、蛍の光に託して歌が詠まれてきた。源氏物語の「蛍」巻では、源氏が薄衣に包んだ蛍をいっきに放つと、無数の淡い光が玉鬘の美しい横顔を映しだす。

古くから子供達に、「でんでん虫、虫、かたつむり……」と唱われる童謡。民俗学者・柳田国男によると「出ろ出ろ」と、はやしたことばが、次第に「でんでん」と訛ったのではないかという。また「まいまい」の呼び名も京都から地方へと伝わっていったらしい。梅雨空の下、赤や紫色の「紫陽花」が、雨に濡れて輝きを増す。ゆっくり進んでゆく「かたつむり」の姿に、幼い頃の思い出が重なる。雨もまた楽しい季節である。

雨滴声

走り梅雨の季節が到来し、降りしきる雨が水たまりに大小の波紋を広げる。これからひと月ほど、雨の日が多くなって室内も湿りがちになり、空を見上げて思わずため息を漏らしてしまう。梅雨の意味は、梅の収穫時期と重なるからとか、草木の露から転じた言葉ともいわれる。

うちしめり
あやめぞかをる
ほととぎす
鳴くや五月の
雨の夕暮れ

と詠んだ藤原良経の和歌（新古今和歌集）などには、自然と寄り添って暮らした大宮人の豊かな感性がしのばれる。

源氏庭

千年以上にわたり読みつがれてきた源氏物語は、一条天皇の中宮（皇后）・彰子のもとへ宮仕えしていた紫式部によって書き上げられた。執筆されたといわれる、式部が育ち、つかの間の新婚生活を送った屋敷は、現在の廬山寺《ろざんじ》あたりにあったと推測される。１９６５（昭和40）年、歴史学者の角田文衞氏の考証に基づいて「源氏庭」が整備され「紫式部邸宅址」と刻まれた石碑も建てられた。６月中旬頃から、苔の洲浜《すはま》に桔梗が咲き始め、いにしえの物語の世界へと誘われる。

「祇園精舎の鐘の声、諸行無常の響きあり。沙羅双樹の花の色……」（平家物語）。朝に咲いて夕べに散る白く清楚な一日花、別名「夏椿」。梅雨時、色鮮やかな緑苔に「ポトリ、ポトリ」と、ひかえめに音をたてながら散り落ちる。足利義満によって創建された鹿王院は、嵐山を借景にした庭園や、廊下伝いに結ばれた本堂と舎利殿など、古風で静かな佇まいが、今なお保たれている。

ササユリ

高雄から清滝川の流れに沿って北上すると、川端康成の小説「古都」に描かれた北山杉の里「中川」に至る。高台に立つ古刹「宗蓮寺」の書院からは、春の山桜から、秋の紅葉へと一幅の日本画のように雄大な風景が広がる。初夏には杉の緑に映えて淡いピンク色の「ササユリ」が目を楽しませ、「如意輪観音」の優しい微笑みが、参拝者の心を癒やしてくれる。境内を彩る花々は、住職が丹精をこめた賜物である。

竹落葉

楓の緑が濃くなった天授庵。方丈前庭を通り水音もすがすがしい書院南庭へ向かう。竹林に初夏の風が通り、黄色の枯れ葉がサワサワと舞い散る。苔庭に落ちた様子は侘びた自然の造形として目に止まり、俳人は句作に夏の季語とし詠み込む。若々しく成長した勢いのある「竹の春」は秋、筍を育てて黄葉する「竹の秋」は春の季語。移ろう季節の旬の風景描写として用いられる言葉である。

京の「奥座敷」と呼ばれる貴船。貴船神社付近から、奥の院へ向かう川沿いには料亭が軒を連らね、5月1日から川に張り出した涼しげな座敷「川床」が設けられる。夏場は市内に比べグッと気温が低く、川のせせらぎを耳にしながら、暑さをしばし忘れて食事を楽しむことができる。「納涼床」の歴史は、鴨川に桟敷を設けて客をもてなした「高床」に始まるといわれ、蒸し暑い京の夏を過ごす知恵から生まれた。

川床

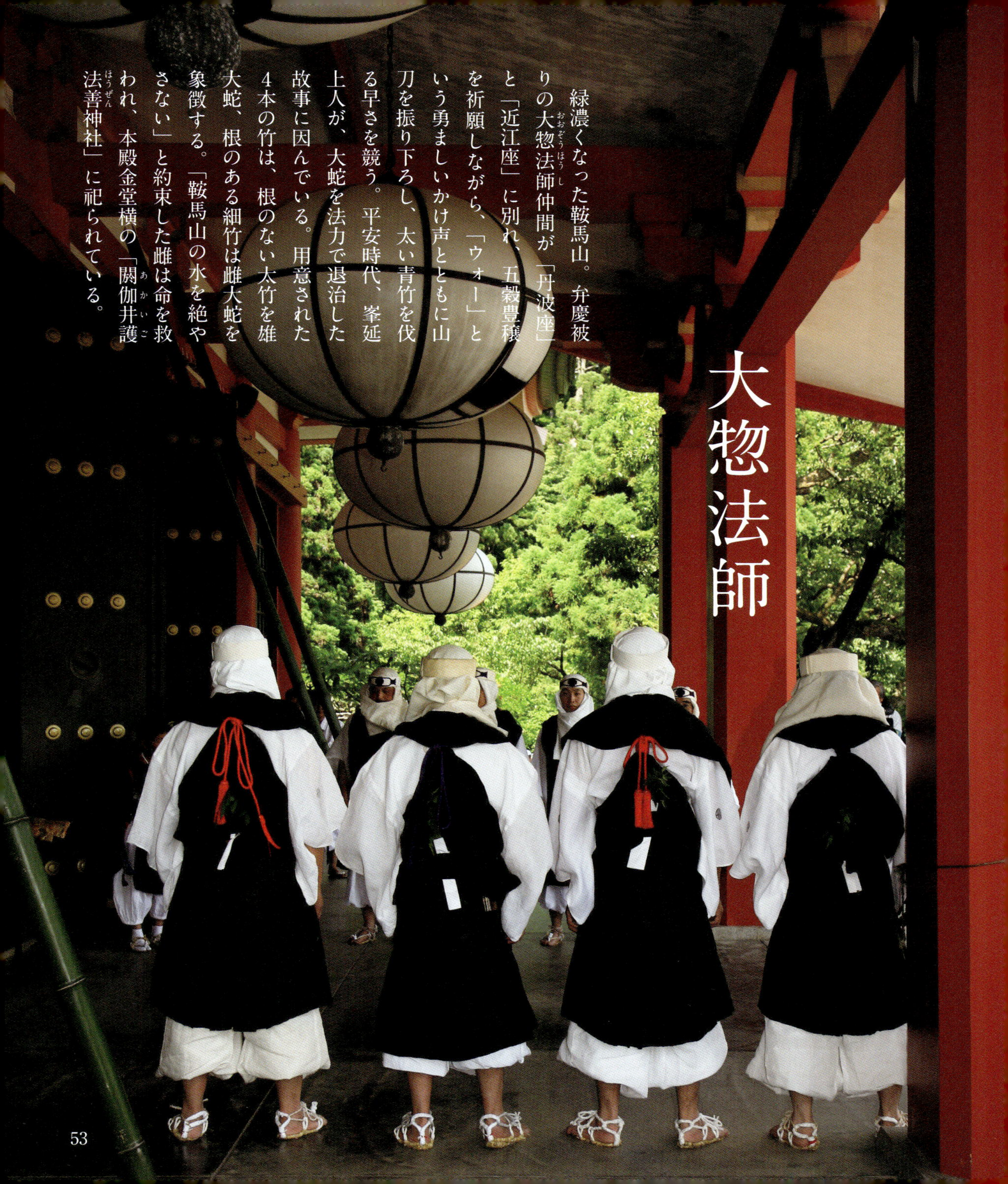

大惣法師

緑濃くなった鞍馬山。弁慶被りの大惣法師《おおぞうほうし》仲間が「丹波座」と「近江座」に別れ、五穀豊穣を祈願しながら、「ウォー」という勇ましいかけ声とともに山刀を振り下ろし、太い青竹を伐る早さを競う。平安時代、峯延上人が、大蛇を法力で退治した故事に因んでいる。用意された4本の竹は、根のない太竹を雄大蛇、根のある細竹は雌大蛇を象徴する。「鞍馬山の水を絶やさない」と約束した雌は命を救われ、本殿金堂横の「閼伽井護《あかいご》法善《ほうぜん》神社」に祀られている。

梅雨時の雲間から差した光が空を深紅に染める。北山をシルエットにして鴨川に残照を映しながら暮れゆく。一年でもっとも太陽が北に傾き夜が短くなる「夏至」は、暦の上では6月21日ごろに当たり、朝4時には東の空が白みはじめる。王朝人は、夜の逢瀬の短さを嘆いて「後朝《きぬぎぬ》の別れ」を歌に託した。

しののめの
ほがらほがらと明けゆけば
おのがきぬぎぬなるぞ悲しき
（古今和歌集）

夏至

半夏生

梅雨の晴れ間、両足院（建仁寺塔頭）の書院庭園池まわりに涼しげな白い草葉が緑苔に映える。暦の上では、夏至から数えて11日目は「半夏生《はんげしょう》」（7月2日ごろ）。葉表だけが不思議に白くなって、まるで半分化粧したようになることから、暦の名にかけ呼ばれるようになったといわれる。池の北岸には、利休七哲のひとり織田有楽斎好みの茶室「如庵」を写した「水月亭」が開けられ、茶席からも夏の風情を楽しめる。

東滴壺

大徳寺塔頭のひとつ龍源院。方丈（本堂）と庫裏の間に細長く作られた約4坪ほどの庭は「東滴壺」と呼ばれている。日本最小の石庭といわれ、手前の円形砂紋と中央に配された石は、水滴が波紋を広げて行く様子を表し、一滴の水が大海とつながっているように、日常の積み重ねの大切さを教える。屋根の隙間から降る光が砂上を照らし、雄大なひろがりも感じさせてくれる。

祓えことばとともに、神職の手から離れた「人形」が、はらはらと舞い、松尾大社の「一ノ井川」を流れてゆく。6月30日に、各神社でおこなわれる「夏越しの祓い」は、正月から半年経ち穢れた心身を人形に託して祓い、「茅の輪」をくぐって、あと半年の無病息災を願う。また、この頃の楽しみは「水無月」の和菓子。6月1日（旧暦）は、氷室の氷を宮中に献上した日で、貴重な氷にあこがれた庶民が菓子に形作ったといわれる。

黄昏せまる頃、鵜船に焚かれる篝火が水面に映る。屋形船が近づくと、風折烏帽子、腰蓑を着けた鵜匠が巧みに鵜を操り始め、舵子が船縁を櫂でたたきながら「ホー、ホー」と声を出して、鵜をけしかける。水に潜って獲ってきた鮎を、素早く鵜匠がはき出させると歓声がわきおこる。源氏物語や蜻蛉日記にも書かれた、平安時代を受け継ぐ伝統漁法。

大堰川
鵜舟にともす篝火の
かかる世にあふ
鮎ぞはかなき

在原業平

七夕

天の川（銀河）を隔てて夜空に輝いている「織姫」と「彦星」が、旧暦の7月7日の夜、年に一度川を渡って会いにゆくという、中国の伝説が由来である。宮中では「乞巧奠《きっこうてん》」と呼ばれ、技芸上達を願っておこなわれる行事であった。天の川を渡る船になぞらえ「梶の葉」に詩歌を書いて星に託したという。やがて江戸時代になると、5色の短冊に願いを込め笹竹に結ぶ七夕祭りとなった。

合歓

7月7日は、暦の上では「小暑」(夏至から数えて約15日後)。京都の町には祇園祭の二階囃子の音が流れはじめ、梅雨明けも近づいて暑さが本格的になってくる。鴨川上流では、ネムノキの化粧刷毛のような淡紅色の花が優しい姿を見せ、ひとときの涼感をさそう。鳥の羽のように開いた細かい葉は、日が暮れると両側から静かに閉じ眠るような姿になるため「合歓《ねむ》」と呼ばれるようになった。

丹波太郎

油照りの午後、遠く北西にそびえる愛宕山から豪快な入道雲が湧き上る。やがて京の町に黒い雲がかかり、大きな雨粒と共に雷鳴が轟く。夕立である。昔から、丹波地方で生まれるこの入道雲は「丹波太郎」と呼ばれてきた。激しい性格から俵屋宗達などが描いた「雷神」の表情、姿が重なる。奈良盆地からやってくる「山城次郎」、琵琶湖に生まれ比叡山を越えてやってくる「比叡三郎」とともに、真夏に訪れる暴れん坊三兄弟である。

これから京都は本格的な油照りの夏を迎える。都人は、衣食住に五感で涼を感じるよう工夫を凝らしながら暮らしてきた。祇園祭の室礼が整った夏座敷。大ぶりの壺に生けられた一輪の白い槿が目に入り、涼感を誘う。祇園祭の始まるころに咲き始め、その五弁の花が八坂神社の神紋に似ていることからゆかりも深く「祇園守」と呼ばれてきた。「槿花一朝の夢」という言葉どおり、白く清楚な姿に花の命のはかなさも漂わせる。

コンチキチン

夕風にのって、鉦《かね》と笛、太鼓の調べが京の町並みに流れてくる。吉符《きっぷ》入り（神事はじめ）とともに、おはやしの練習が、鉾町の会所2階ではじまる。7月の1カ月間にわたって行われる神事や行事。そのなかでもクライマックスの「山鉾巡行」。華麗な懸装品に彩られた鉾上で、そろいの浴衣を着て奏でる「祇園ばやし」は、京都に本格的な夏の到来を告げるとともに、無病息災を願う音色である。

約束

遥か昔のこと、八坂神社の祭神「素戔嗚尊《すさのおのみこと》」が、后を求めて南海を旅した折、「蘇民将来《そみんしょうらい》」に一夜の宿を求めたところ、貧しいながらも手厚いもてなしを受けた。その恩返しに「蘇民将来子孫者也」と記したお守りを身につけていれば、子々孫々に至るまで病にかからないことを約束したという。7月17日に迎える祇園祭の山鉾巡行（前祭）と神幸祭。奉仕者は、この故事に由来するお守りを身につけ、無病息災を願う。

本宮祭

黄昏時、伏見稲荷大社の境内と稲荷山へ続く千本鳥居が献灯の明かりに照らされ、朱色が幻想的に浮かび上がる。「万灯神事」は「本宮祭」の宵宮に行われる夏の行事で、全国の信者や近在の参拝者などでにぎわう。外拝殿とその周囲には、日本画家や工芸家などが描いた行灯画も展観され、境内広場では本宮踊りなどが奉納される。

ほうろく灸祈祷

頭の上に経文の書かれた「焙烙」をのせ、線香でモグサに火をつけて法要が始まる。読経とともに、僧侶が木剣で「九字」を切って悪鬼邪霊を払い、頭痛封じと暑気払いが行われる。夏バテを感じる7月の「土用の丑」の日に行われる、日蓮宗独特の御祈祷。またこの日「あじさい祈祷」も行われ、枯れても花が落ちないその姿に重ねて商売繁盛を願う。

紫蘇

深い赤紫色の紫蘇が、夏の強い日差しを受け稲田の緑と美しいコントラストを描く。晴れた早朝、山々に囲まれた大原の里を冷気を含んだ霞（小野かすみ）が包み、色・香りとも良質な「ちりめん赤紫蘇」が育つ。大原特産の「柴漬け」は、刻んだナスやキュウリ、ミョウガなどとともに、この紫蘇を塩漬けにしたもので、乳酸発酵による独特の酸味が口の中に広がる。壇ノ浦の戦いで平家滅亡後、寂光院に隠棲した建礼門院が、里人から贈られた漬け物をたいそう気に入り「紫葉《しば》漬け」と呼んだのが名前の由来であるとも伝わる。

盛夏の祇園町を、絽の黒紋付で正装した芸舞妓さんたちが行き交い、日頃お世話になっている京舞家元やお茶屋さんに挨拶回りをする。涼しげに掛けられた麻暖簾をくぐり中に入ると「おめでとうさんどす」と、はんなりとした響きが流れてくる。旧暦の「八朔《はっさく》」は「田実の節」とも呼ばれていた。豊作を願って稲の初穂を御所に献上する習わしがあり、やがて世話になっている主人や師匠など「たのみのひと」を訪ねて挨拶するようになったという。

八朔

夏の果て

北山から湧き上がる夏雲が、見た目の暑さに拍車をかける。三方を山々に囲まれた京都盆地は風もなく、ジリジリと照りつける強い日差しに、身も心も萎えがちに。兼好法師（鎌倉〜南北朝時代）は「家の作りやうは、夏を旨とすべし」（徒然草）と書き残す。8月7日は「立秋」、暦の上ではこの日から秋となるが、実際は暑さがピークに達する時期。涼しくなるのを心待ちにする思いが言葉にも込められている。

女郎花

秋の七草のひとつ「女郎花《おみなえし》」。その姿を美人に重ね、古くから日本人に親しまれてきた植物である。愛宕山麓の嵯峨越畑は、なだらかに棚田が続く美しい山里で、休耕田を使って栽培されるオミナエシは、盆花用の切り花として重宝される。京都では、迎え鐘で家族の元に戻った「おしょらいさん（精霊）」は、送り火で再び西方浄土へ戻ると信じられている。暑さも峠を迎えるお盆の間、オミナエシやキキョウなど、見た目にも涼しげな花を供える。

閻魔さん

本堂の厨子《ずし》から、カッと口を開き、鋭い目線で参詣者を見つめ、悪い人間は死後、地獄に落とすという怖い存在、閻魔法王。生まれた時から各人の行いは書きつけられていて、正しい行いをするよう大人から諭された記憶がよみがえってくる。堂前の千本通の名前は、平安時代から葬送地の一つ「蓮台野」があった場所で、供養のためたくさんの卒塔婆が立ち並んでいたことに由来する。お盆を前に水塔婆流しや迎え鐘をついて「お精霊迎え」が行われる。

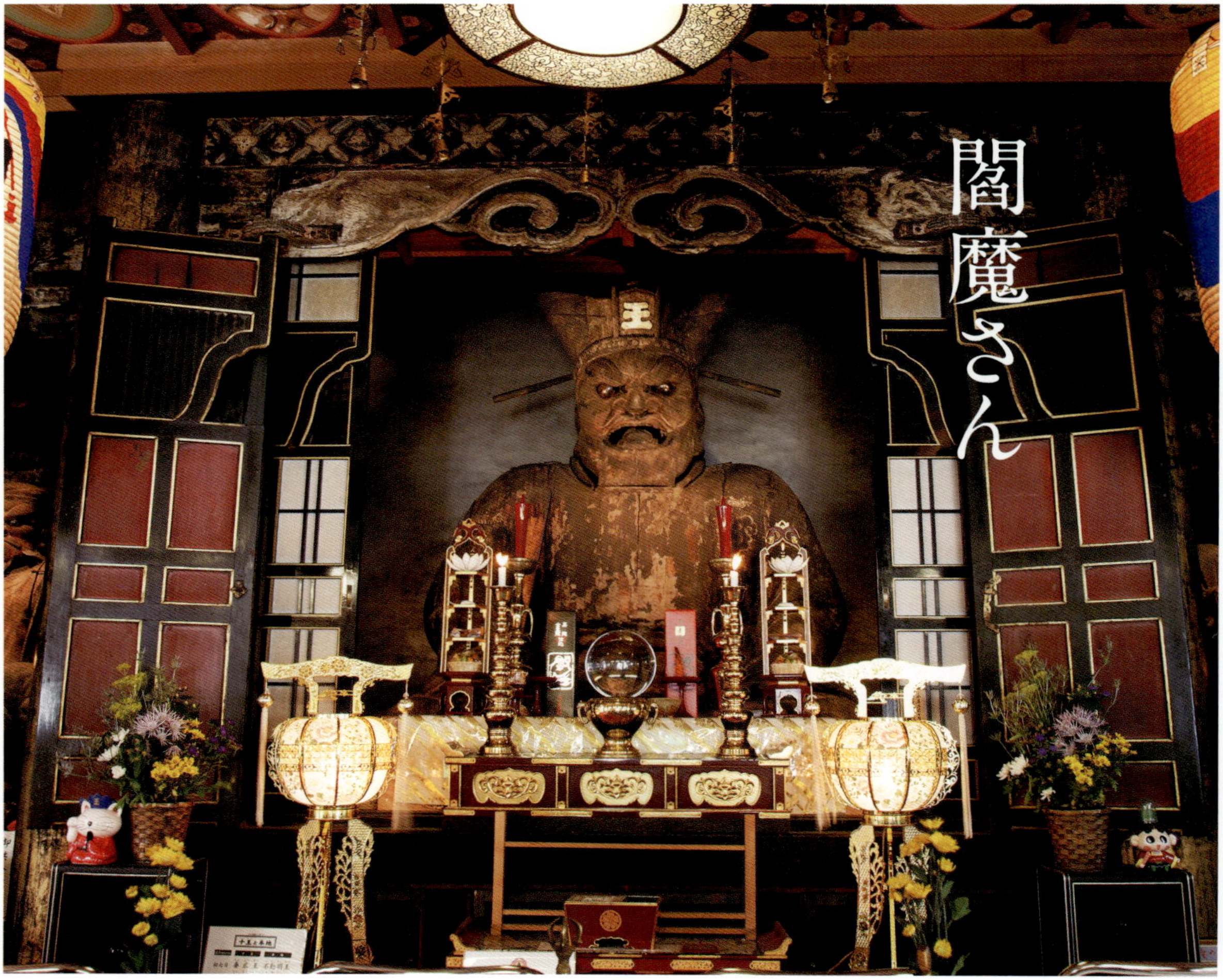

幽霊子育飴

お盆前、先祖の「おしょらいさん（精霊）」を迎える人たちでにぎわう六道珍皇寺界隈。松原通の夜店に混じり「幽霊子育飴」と書かれた老舗の看板が目に留まる。その昔、夜ごとに飴を買いに来る女がいて、不審に思った主人が後をつけていくと、鳥辺山の墓地でフッと姿が消え、赤子の泣き声が土中から聞こえたという。夜が明け、事の次第を近くの住職に伝えて一緒に墓地へ行き、急いで土を掘り返したところ、身ごもったまま亡くなった母のそばで飴をしゃぶっている赤子の姿を目のあたりにしたという。400年以上も語り継がれているこんな伝説とともに、昔ながらの素朴な味わいの飴が今も店先で売られている。

六斎念仏

夕闇迫るころ、中堂寺界隈では笛や太鼓、鉦の音とともに、「ナンマイダ〜」と念仏の声が流れてくる。古くから続けられているお盆行事のひとつで、8月12日から4日間で150件ほどの家々を回って棚経が行われる。特に、旧家や新仏を祀った家では、仏壇前で数曲の演目と「阿弥陀打ち」で丁重な先祖供養がされる。16日には「精霊送り」の法要が営まれる壬生寺で、芸能的な要素も入ったさまざまな演目を行って夏の盂蘭盆《うらぼん》奉納を締めくくる。

送り火

東山如意ケ嶽の「大文字」。弘法大師堂の親火から移された大松明を振りかざし、大きなかけ声で準備の確認をすると、火床に点火される。京都盆地を囲むように、「妙法」「船形」「左大文字」そして「鳥居形」の順に、西へ向かって赤々と夜空に浮かび上がる。お盆の間帰っていた先祖の霊が、その火に導かれて西方浄土へ戻るといわれる。どこからともなく、寺院の梵鐘の音が響き、燃え盛って消えゆく火にそっと手を合わす人も多い。

秋は夕暮れ

秋彼岸

赤々とした太陽が、法観寺の五重塔をシルエットにして西山にゆっくり沈んでゆく。秋分の日（彼岸の中日、9月23日）は、太陽が真東から昇り、真西に沈んで昼夜の長さがほぼ同じとなり、この日を境に夜が少しずつ長くなってゆく。お彼岸は西方浄土に住む先祖をしのび、お墓参りをする日でもある。「暑さ寒さも彼岸まで」の言葉通り気温も急に下がりはじめ、夜にはマツムシやスズムシのさえた鳴き声も聞こえ、次第に夜長が感じられるようになる。

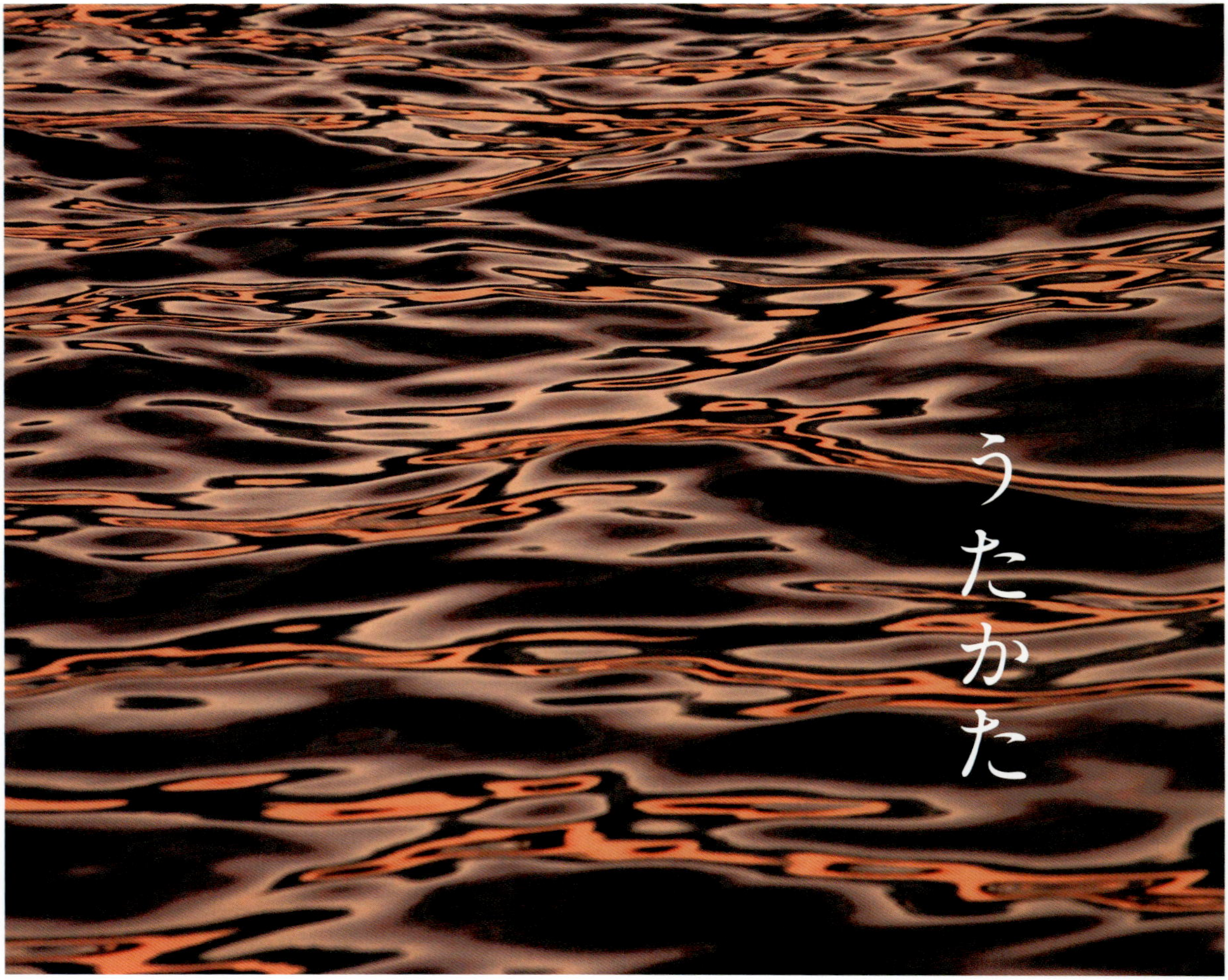

「行く川の流れは絶えずして…」ではじまる『方丈記』。鴨長明が体験した、大火や飢饉、さらに1185（元暦2）年に起こった大地震など、天変地異によって衰微してゆく都の様と、泡のごとく消える命の儚《はかな》さを、自分の境涯も併せて800年前（鎌倉初期）に書き残した。長明は50歳で出家し、大原に閑居したあと、日野山中に建てた簡素な方丈（約4畳半）で暮らしたといわれる。

菊花祭

社殿にみやびな楽が流れ、巫女が榊の枝を手に神楽を奉納する。額につけた天冠には、「重陽《ちょうよう》の節句」にちなんだ菊の花が挿されている。古来、奇数（陽）の極みである9が重なる9月9日は最もめでたい日と考えられた。平安時代の朝廷では長寿を願う重陽の節句として、菊の花びらを浮かべた酒を酌み交わして詩歌をつくるなど、不老長寿を願う節会が盛大に催されたという。石清水八幡宮ではこの日、社殿に菊を飾り神饌を供えて「菊花祭」が行われる。

月影

月光が水面を照らし、さえた空に松の姿が浮かぶ。平安時代中期、広沢池の西北には真言宗の大僧正・寛朝によって創建された遍照寺があったといわれる。当時は壮大な伽藍を誇り、釣殿から池中の観音島へは反り橋が架かり、観音堂の十一面観音立像が音戸山から昇った月に照らされ、金色に輝いたという。一帯は観月の名所として知られ、多くの歌人によってその趣が詠まれてきた。

広沢の池に宿れる月影や
昔をうつす鏡なるらむ
後鳥羽院

夢見坂

東山通りから法観寺へ向かう夜の八坂通り。人通りもまばらになった石畳の先に五重塔がライトに浮かぶ。この塔は、聖徳太子が如意輪観音の夢のお告げで、仏舎利を納めて建立したと伝わり、何度かの焼失を経て足利義教（室町時代）によって再興された姿である。いつの頃からか、塔へ向かう上り勾配の道は「夢見坂」とも呼ばれるようになり、近くの八坂庚申堂《こうしんどう》門前にその名を刻んだ碑も立てられている。

秋霖

松葉に雨滴がとどまり、古寺の風景を映し込む。夏から秋へ季節が移ろうこの時期に降る長雨は、「秋霖《しゅうりん》」や「すすき梅雨」とも呼ばれ、初夏の梅雨とは逆に北からやって来る。晴れのイメージが強い9月だが意外に雨の日が多く、せっかくの中秋の名月が雨月となって悔しい思いをすることもある。雨が降るたびに夜風がひんやりして、スズムシ、マツムシなどの鳴き声を耳にすると、初秋の風情がいっそう感じられる。

彼岸

朝露に濡れ、王冠のようにひらいた彼岸花が、やさしい顔の石仏に寄り添う。別名「曼珠沙《まんじゅしゃ》華《げ》」とも呼ばれ、サンスクリット語では「天上の赤い花」という意味がある。彼岸の中日（秋分の日）には、真東からのぼった太陽が、真西に沈む。その様子に西方極楽浄土に住まう先祖を偲んで手を合わせる。この日を境に夜の時間が少しずつ長くなり、虫の音も冴えわたる。

色鮮やかな花傘が御香宮神社の表門前に集まり、掛け声も勇ましく持ち上げられてお祭りを盛り上げる。「神幸祭」は伏見祭とも呼ばれる洛南の大祭で、多くの風流《ふりゅう》傘が出ることでも知られる。神功皇后を祭神として祀り、境内の清泉から名水（御香水）が湧き出たところから社名になったといわれ、伏見九郷、伏見城下町の鎮守社として信仰を集めてきた。伏見城遺構の表門をはじめ、彩色彫刻が施された本殿など、随所に桃山文化の息吹が感じられる。

風流傘

御神楽

境内の明かりが消され、闇の静けさの中で行われる、今宮神社御例祭の前夕神事。「御神楽」の人長（代表者）が神事の途中で本殿に進み榊の枝を受け取ると、庭燎《にわび》がたかれる。境内がほの赤く照らし出される中、居並んだ楽人がひとりずつ進み出て、順に篳篥《ひちりき》や龍笛、和琴などの調べを神前に披露した後、神鏡の象徴という白い輪のついた榊を手にした人長が「天の岩戸開き」（日本神話）に由来するという御神楽で舞納める。

ずいき祭

秋祭りのさきがけとなる北野天満宮の「ずいき祭」。神幸祭（10月1日）で御旅所に迎えた天神様（菅原道真公）に、ずいきで屋根を葺き、新穀や野菜で装飾した「ずいき御輿」を供えて五穀豊穣を感謝する。還幸祭（4日）には、他の3基の神輿とともに氏子地域を巡って本社へと向かう。夕刻、先払いの「獅子」を先頭に行列が上七軒にさしかかると、芸舞妓さんたちも表通りに立ち並んで華やかに迎える。

銅拍子や尺拍子などの調べと今様歌が流れる中、水干、烏帽子姿の白拍子が優雅に舞う。平家物語の祇王や祇女、源義経に寵愛を受けた静御前など、歴史を彩った女性たちを連想する。この歌は、平安時代から鎌倉時代にかけて最も流行した歌謡で、日本人にとって親しみのある七五調で歌われる。当時、今様狂いの後白河法皇（1127～92）は執念ともいえるほど昼夜にわたり歌い続け、喉をつぶしてもやめなかったといわれる。

今様

赦免地踊

比叡山の西麓、小浜へ向かう鯖街道（国道367号線）沿いにある八瀬の里。祭礼の行われる秋の夕暮れは早く、秋元神社へ向かう切子灯籠が暗闇に揺らめき、道歌とともに行列がゆっくりと石段を登ってゆく。櫓を中心に音頭に合わせ「灯籠着（少年たち）」が回り、その後、舞台で少女たちの「汲汲踊」や「花摘踊」が秋元但馬守の恩徳に感謝して奉納される。後醍醐天皇が比叡山へ潜幸の際（南北朝時代）警護のお供をするなど、八瀬の地は皇室とのつながりが深い。

サイリョウ

鞍馬の里が夕闇に包まれる頃「神事にまいらっしゃ〜れ」と、松明を手に白装束の若者が、火祭りの開始を告げて歩く。家々の篝火が焚かれ、最初は子供の松明から。やがて、「サイレヤ、サイリョウ（祭礼）」のかけ声とともに100キロ以上もある大松明が男たちに担がれ、火の粉を散らしながら鞍馬寺の山門前に集まってくる。熱気と興奮の坩堝《るつぼ》と化す。平安時代半ば、都の北方を護るため、由岐大明神を篝火や松明で盛大に迎えた誇りを、今に伝える。

普度勝会

萬福寺の総門をくぐると、中国の異国情緒に包まれる。毎年10月に行われる「普度勝会《ふどしょうえ》」は、日本の盂蘭盆会にあたり、先祖の精霊や餓鬼など萬霊を供養して送る行事である。大雄宝殿（禅宗寺院の本堂）前には、紙と竹で作られたカラフルな冥宅（仏壇風の台）が並び、にぎやかな銅鑼や太鼓の音とともに獅子が境内を舞う。

時代祭

10月22日、平安神宮。秋晴れの空に朱色の社殿が映え、天を守護する四神（朱雀、蒼龍、白虎、玄武）の旗が立ち平安時代の朝堂院を彷彿させる。祭神である桓武・孝明両天皇の御霊代を載せた鳳輦《ほうれん》が京都御所へ向けて出発する。正午きっかり、京都ゆかりの歴史上の人物などに扮した行列に先導され、都大路を巡幸しながら平安神宮へと戻る。この時代祭は「平安講社」を構成する京都市民約2千人の参加、20列の規模で繰り広げられ、約4・5キロメートルの道のりを観客に見守られながら進んでゆく。

藤袴

朝夕に秋の気配を感じる頃、庭や山野に萩、ススキなどが風に揺れ始める。秋の七草のひとつ「フジバカマ」は、滅びると危惧されたが、幸い近年は目にする機会も多くなった。淡い藤色の花が咲き始めると、どこからともなくアサギマダラ（蝶）が舞い降りて、蜜を吸う姿が見られる。沖縄などから海を渡り、1000キロ以上も季節移動するといわれ謎も多い。長い旅路の途中に出合った香りに誘われ、しばし羽を休める。

洛西大原野の善峯寺。釈迦岳の山腹に石垣を組んで開かれた西国三十三所観音霊場のひとつ（第二十番札所）で、巡拝者の姿も目立つ。千手観音を祀る本堂をはじめ、多くの堂塔が立つ広大な敷地は、順路をたどって巡る。境内には四季折々に花が咲き、秋の訪れとともに咲き始めて目を楽しませるのが秋明菊である。貴船菊とも秋牡丹とも呼ばれ、白やピンクの花が澄んだ空気の中に咲き、静けさを感じる秋の風情に彩りを添える。

秋明菊

大悲閣

湧き上がる雲と冷たい雨が嵐峡を覆い、木々のほのかな色づきに紅葉への序章が感じられる。嵐山中腹の切り立った岩肌に、仙郷のような姿で立つのは大悲閣千光寺。私財を投じて大堰川を開削し、筏や船を通した江戸時代の豪商・角倉了以（1554〜1614）が、工事で亡くなった人々を弔うために嵯峨中院より移築再興した寺である。本堂には千手観音像と、その脇に石割斧を手にした了以像が安置され、眼下に小倉山を隔てて京都市内を遠望することができる。

お火焚き

朝夕に寒さが増す霜月（11月）。京都の神社や町内などでは「お火焚き」が行われ、祈願を書いた護摩木（火焚串）を火床に投じて無病息災、商売繁盛などを祈る。もとは宮中で行われていた新嘗祭《にいなめさい》（収穫祭）が、民間に広がって行われるようになったともいわれ、初冬の風物詩として続いている。残り火で焼いたミカンを食べると風邪をひかないといい、おこしと焼き印をつけた紅白饅頭とともに「お下がり」としていただく。

秋日影

俳人・向井去来の閑居した嵯峨野の「落《らく》柿《し》舎《しゃ》」。ころころと柿の実が屋根を走り、一夜にして落ち尽くしたことが、庵の名となった。簡素な門をくぐると目に入るのは、秋の日影を落とす「蓑笠《みのかさ》」。訪問者に、主の在・不在をしらせ、気さくに迎えた人柄を伝える。1691（元禄4）年、芭蕉も逗留し、「嵯峨日記」として遺す。今年も、朱く色づいた柿の実が、昔とかわらず迎えてくれる。

柿主や
梢はちかき
あらし山　去来

小さな臼に黒（胡麻）・赤（小豆）・白（栗）の粉を入れ、古式にならって「亥子《いのこ》餅」につきあげる。宮司の唱え言に合わせて、女房役が袖で口を被い「いのちつくさいわい」と唱和する声が、雅やかに響く。平安時代に宮中で行われていた年中行事を伝えるもので、亥の月（旧暦10月）の最初の亥の日亥の刻（午後9時～11時）に、この餅を口にして無病息災と猪の多産にあやかり子孫繁栄を願った。

亥子祭

高雄（高尾）は、槙ノ尾・栂ノ尾とともに「三尾」と呼ばれてきた景勝地である。江戸時代の京都の名所を紹介した「都林泉名勝図会」にも登場し、清滝川沿いには茶屋が並び、老若男女が紅葉を愛でながら食事や酒を楽しむ姿が描かれている。いまも高雄橋を渡ると昔ながらの長い石段が続き、登りつめると神護寺の山門が見える。広い境内には重厚な堂塔が立ち並び、紅葉の錦を浮かび上がらせる。

錦秋

吉野窓

琳派発祥の地、鷹峯に創建（江戸時代）された常照寺。名妓とうたわれた吉野太夫が眠る寺としても知られ、境内にはゆかりの茶室「遺芳庵」が残る。仏教では、完全な円は悟りを表すといわれるが、吉野窓の下部は切れて直線になっている。当寺の開山・日乾上人に帰依していた吉野は、この窓に完全でない自分の姿を重ね日々精進したといわれる。障子越しの紅葉に華やかだった姿がしのばれる。

小倉山

錦秋の季節を迎え、紅や黄と、野山は色鮮やかに包まれている。華やかさの中にどこか寂しさが漂うのは、冬を前にして放つ光芒のせいなのかもしれない。

小倉山峰のもみぢ葉心あらば
いまひとたびのみゆき待たなむ

大堰川を隔て、嵐山の北にある紅葉の名所「小倉山」。平安時代、行幸した宇多上皇が、あまりの美しさに醍醐天皇にも見てほしいと切望し、随行した藤原忠平が詠んで百人一首にも収められた名歌である。

朝霧に包まれた広沢池を一羽の鴨が静かに横切ってゆく。昼夜の温度差が大きくなり、冬の到来を予感させる「立冬」。11月7日頃にあたり、暦の上ではこの日から翌年の節分までが冬とされる。気圧配置も西高東低型に移り、冷たい北風が吹いて時雨に見舞われることも。京都では、周りを囲む三山（北山、西山、東山）の峰から紅葉が日増しに進み、鮮やかな錦秋を迎える時節である。

空也忌

ひょうたん、鉦、太鼓を打ち鳴らし「ナモーダ、ナモーダ（南無阿弥陀仏）」と念仏を唱えながら法悦の姿を現す念仏僧。平安時代中期に生きた空也上人は全国行脚しながら歓喜踊躍念仏で庶民に仏教を布教し、市聖とも呼ばれた。都で疫病が流行した時には、自ら刻んだ十一面観音を車に載せて引き回し、病人に皇服茶を与えて、病気を平癒したと伝わる。

蓮月庵

白いサザンカと紅葉に囲まれた「蓮月庵」は、江戸時代末に生きた大田垣蓮月（女流歌人・陶芸家）が晩年を過ごした茶室である。蓮月の作った「蓮月焼」は、手ひねりの陶器に自らの和歌を添えた艶っぽい作風で、当時の京都の町では贋作も出るほどの人気を博したという。蓮月の生まれは三本木と呼ばれた花街（現・丸太町橋西堤）で、前半生は結婚と離婚、子どもとの死別などが続き、無常を知り尽くした境遇が40歳を過ぎて非凡な才能を花開かせたともいえるだろう。

枯蓮

大覚寺は、嵯峨天皇の離宮のなごりで、周囲の湧き水が滝となり、大沢池に流れ込んでいた。滝の名にちなんで「名古曽《なこそ》」と名付けられた古代蓮は、夏に花弁の先がほんのりと紅い大輪の花を咲かせ、大きな緑の葉を風にゆらせる。秋も深まり枯れ茎だけとなり、身を折って支える心細げな姿が、抽象絵画のように池面に映る。束の間の華やかな姿が遠い記憶となり、全力をつくした人の一生とかさなる。

夜明け時、川霧の立つ宇治川は、心細げに匂宮にすがる浮舟を乗せた小舟が、川を渡る情景（源氏物語 浮舟巻）を思わせる。源氏物語の後半「宇治十帖」は、風光明媚な宇治を舞台に物語が進み、その中でも薫と匂宮二人の男の寵愛に浮舟が板挟みになり、葛藤の末に宇治川へ入水するストーリーはこの巻のクライマックス。そして比叡山横川《よかわ》の僧都に助けられて出家し、小野（現在の大原付近）で俗界との関係を絶って生きる物語へと展開してゆく。

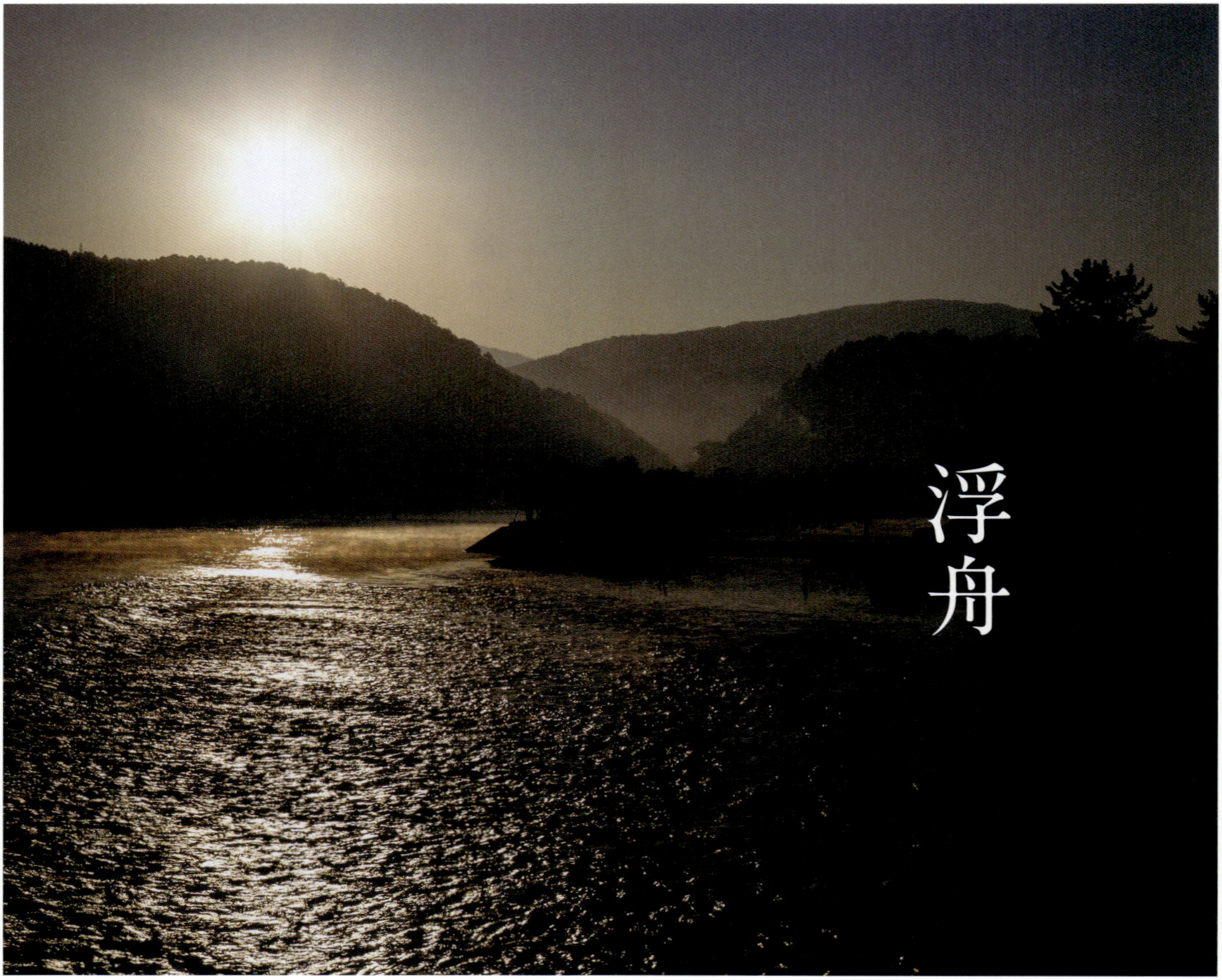

浮舟

「比叡おろし」や「愛宕おろし」が京都盆地に吹き始めると、野山を彩った美しい紅葉が、北風に舞って吹き寄せられ、去りゆく晩秋の風景にいっそう侘しさを添える。西高東低の気圧配置が強まった早朝、夜間の放射冷却でぐっと気温が下がり、初霜が散紅葉に白く輪郭を描くようになる。この時期の霜は、朝日が昇ってしばらくすると何もなかったように消え去ってゆくが、本格的な冬の到来を告げる兆しでもある。

初霜

冬はつとめて

四季折々に表情を変える広沢池。師走（12月）の風物詩「鯉揚げ」のために水位を下げた池面を初雪が白く粧う。流水が琳派の屏風絵のように紋様を描き、静寂が時を止めているかのようである。水の傍らで身をすくめて魚をうかがう野鳥の姿にいっそうの寒さを感じる。暦の上では「大雪」（12月7日頃）を過ぎて真冬が訪れる時節であっても、まだ京都では日が昇り昼ごろになると消えてしまう「淡雪」も多い。

初雪

東山三十六峰

のびやかに横たわる「東山三十六峰」の上空を冬雲が足早に流れてゆく。江戸時代の俳人、服部嵐雪（1654〜1707）が「ふとん着て 寝たる姿や 東山」と詠んだ姿は変わらず、朝夕に変幻を見せながら歴史の盛衰を見つめてきた。北端の標高848メートルの比叡山を頭に、大文字の送り火が行われる如意ケ嶽あたりでくびれ、稲荷山へと延びてゆく。山裾の寺社には、東山を借景とした庭園が多く見られる。

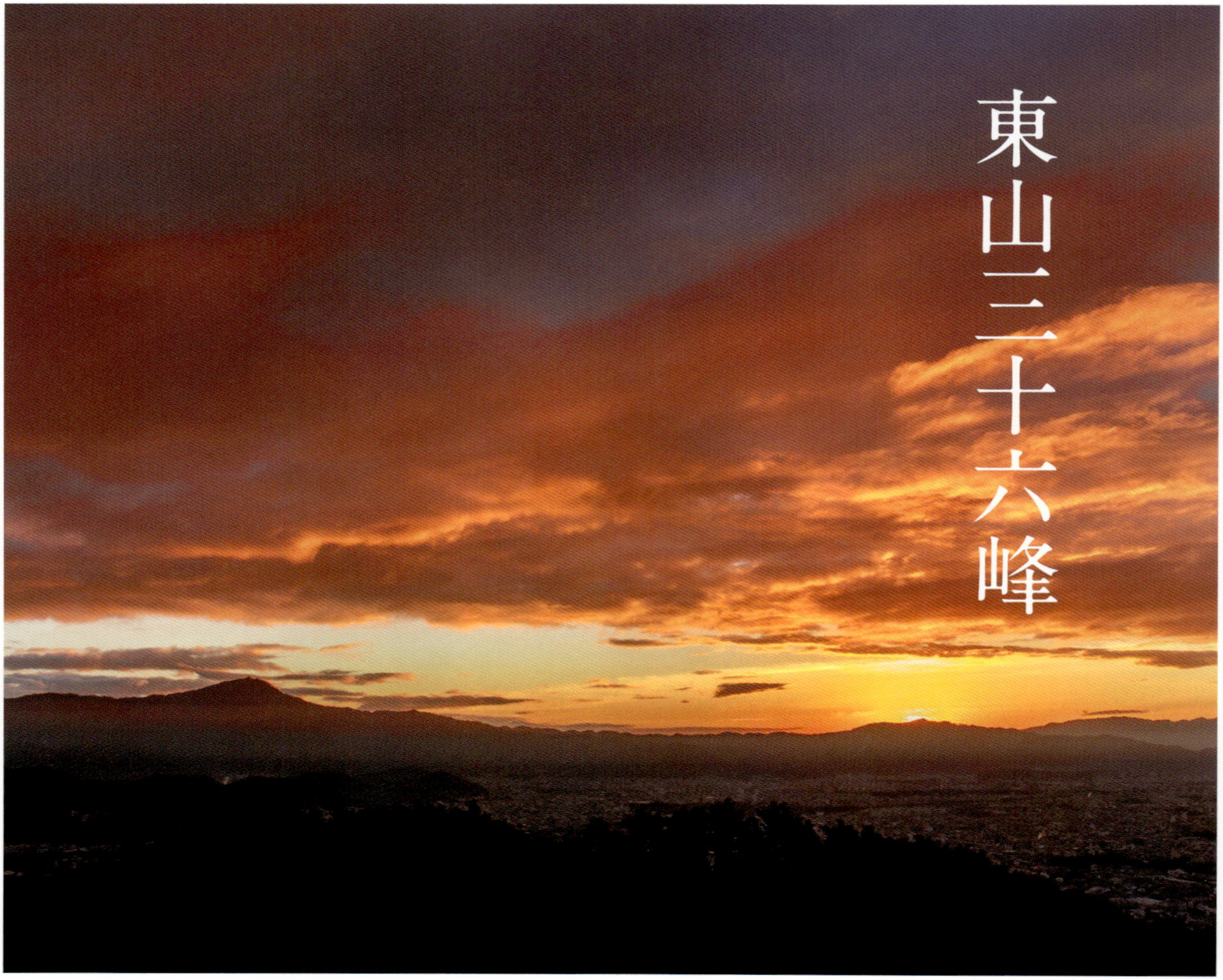

成道会

仏教寺院では、12月8日は「成道会《じょうどうえ》」あるいは「臘八会《ろうはつえ》」（臘月8日の意）と呼び、釈迦が悟りを開いた日として祝う。建仁寺でも管長をはじめ山内の僧侶が、釈迦の軸が掛けられた法堂に集まり法要を営む。紀元前5世紀頃、釈迦は人生の真実を追究しようと29歳で出家。難行苦行の末、菩提樹の下で座禅を続けて8日目の朝、空に明星を見て迷いや不安の消えた、穏やかな悟りの境地を得たといわれている。

大根だき

釈迦・不動明王・薬師如来の名を梵字で書き、本堂で祈禱したあと大釜で炊く。師走恒例の行事で、アツアツの輪切り大根と揚げの入ったお椀を手に、参拝者は無病息災を願って口に運ぶ。12月8日は、釈迦が悟りを開いた日で「成道会《じょうどうえ》」と呼ばれる。鎌倉時代に、千本釈迦堂（大報恩寺）3代目住職の慈禅上人が、大根の切り口を鏡に見立て、釈迦の名を書き厄除け祈願したことに始まるという。

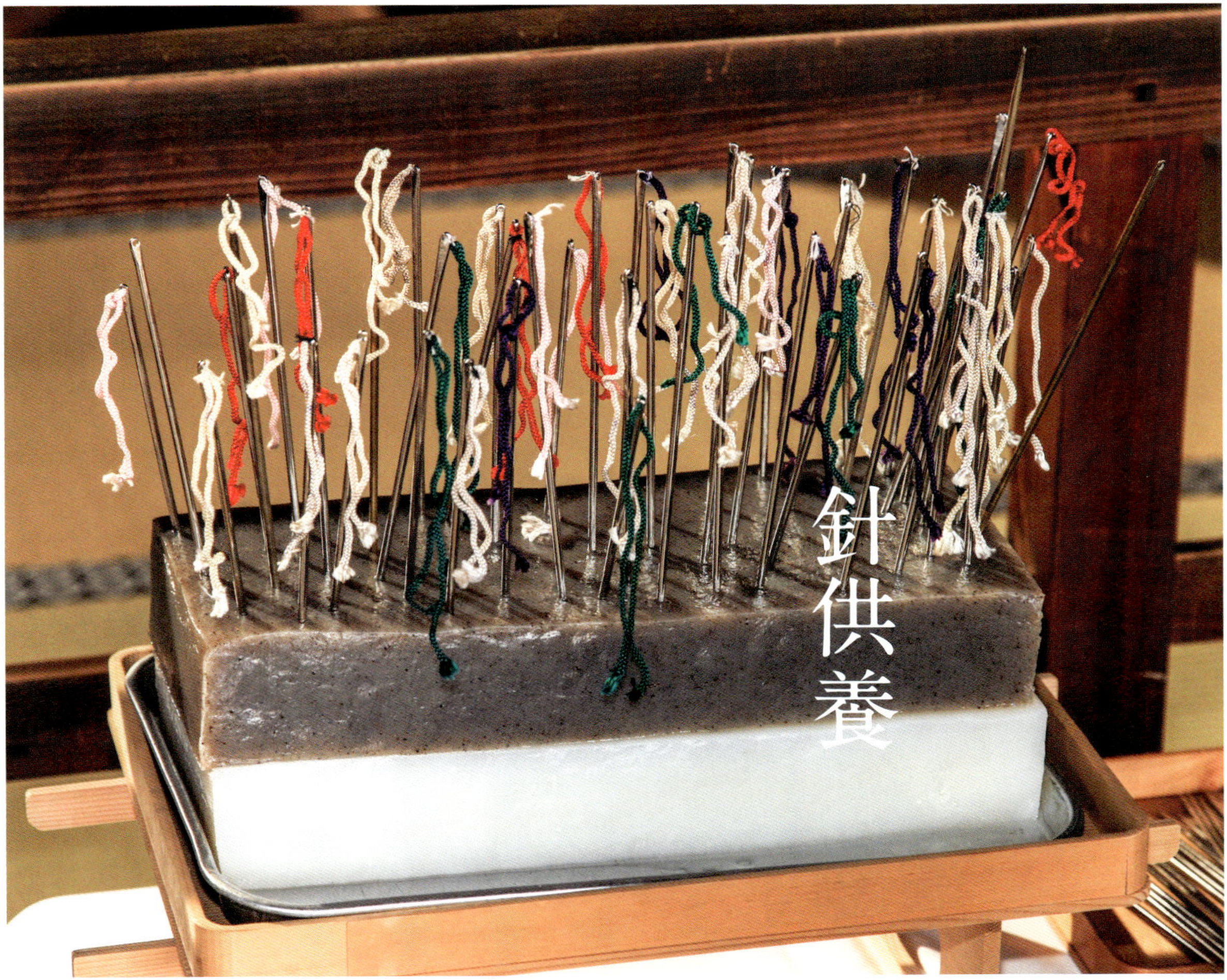

針供養

嵯峨の「こくうぞうさん」と親しまれる法輪寺では、清和天皇（平安時代）が針を納めるお堂を建てた事に由来する針供養が営まれる。本尊の虚空蔵菩薩は、無限の智恵と慈悲を持った菩薩といわれ、古代装束姿の織姫による舞が奉納される。参詣者は本堂に置かれた二枚重ねの大きなコンニャクに、五色の糸がついた儀式針を刺して針に感謝と技芸上達を祈願する。師走（12月）に入ると、市内では一年の締めくくりにさまざまな行事が続く。

事始め

「おめでとうさんどす」晴れやかに着飾った芸舞妓さんが、宮川町通を行き交い挨拶を交わす。12月13日は、日頃お世話になっているお師匠さんやお茶屋さんへ、一年の感謝を込めて挨拶回りをする。お茶屋さんの格子戸を開くと、玄関の間には贈られた鏡餅がずらりと飾られ、一足早い正月のような晴れやかさ。この日から商家などでも正月準備を始め、門松や薪などを山へ取りに出かける習慣もあったといわれる。

くくり猿

八坂通りに面した朱塗りの唐門をくぐると、奉納された色とりどりの「くくり猿」が目に入る。その姿は、「庚申《こうしん》さん」に手足を結ばれ煩悩を上手くコントロールされた心の状態を表すという。もともと庚申とは、60日に一度巡ってくる庚（かのえ）申（さる）の日。中国の道教では、この夜寝ている体から悪い三匹の虫が出て、悪行を天帝に告げ口され寿命が縮まるといわれ、寝ずに夜明かしをする習慣があったという。日本では、この信仰が仏教行事となり民衆に広まったといわれる。迷いのない平穏な新年が迎えられるよう「納庚申」の祈祷が行われる。

冬至

「事始め」が過ぎ、そろそろ正月準備も始まるが、日の暮れるのが早く、いっそう慌ただしさを感じる。「冬至」（12月21日頃）は、一年で昼がもっとも短くなる日である。寒さは厳しくなるものの、この日を境に太陽の輝きが少しずつ復活し、畳に落ちる影も日ごとに一目ずつ短くなってゆく。「一陽来復（陰が極まって陽に転じる）」の日に香り高い「柚風呂」にゆったり入ると、日常の忙しさも忘れる。

かぼちゃ供養

大鍋で炊かれたホクホクのかぼちゃを口にすると、その甘みとともに体の芯から温まってくるようだ。本堂前に置かれた大きなかぼちゃを撫で、鐘を突いて拝んだあと、接待を受ける。

矢田寺は寺町通三条上ルの繁華街にあり、本尊の地蔵菩薩は、開祖満慶上人が、冥土で出会った生身のお地蔵さんを写して彫らせたといわれる。境内には全国から奉納された赤い提灯が所狭しと吊られ、信仰の深さを感じる。

綱掛祭

真新しい大縄（約9・5メートル）が、本殿から奉仕者の手で運ばれ、神木の大樟に巻き付けられる。新《いま》熊野神社は、生涯に34回も熊野詣をした後白河上皇が、紀州（和歌山県）より熊野権現を勧請（1160年）し、平清盛が社殿を造営したのが始まりといわれる。鳥居横で大きく枝を広げるクスノキは、熊野から運んで法皇自らがお手植えしたという。「お腹の神様」としても信仰され、霊樹を抱きかかえて御利益を願う参拝者の姿も見かける。

恵方とは「歳徳神」の住む「明き」の方位で、その方向に向かって物事を行えば福徳が授かると信じられている。神泉苑には、祠が360度回転する「恵方社」があり、毎年陰陽道により向きを変える。12月31日の午後10時半、その前で住職が柏手を打ち御経を唱える神仏習合の儀式を行った後、世話役の人たちとともに回し、新年の恵方へ改める。

恵方社

ゆく年

大晦日から新年に撞かれる除夜の鐘は、十二カ月、二十四節気、七十二候を合わせた数や、百八の煩悩を打ち払って罪業の消滅を願う意味が込められている。神護寺の梵鐘は平安時代に造られ「三絶の鐘」（国宝・非公開）と呼ばれてきた。三井寺（滋賀）、平等院（宇治）とともに、日本三名鐘の一つに数えられる。その鐘が撞かれなくなって久しいが、高雄の山上からどのような音色を響かせていたのであろう。良き新年がくることを願う。

雄大な広がりを見せる、嵯峨「天龍寺」の曹源池庭園。作庭家・夢窓疎石（鎌倉～南北朝時代）の作った名高い庭で、池の正面に三段の石組「龍門瀑」を中心に据える。滝を登り切った鯉は、龍になるという「登龍門」の伝説を伝えている。池に対面した、大方丈の襖には、飛び出すような勢いの龍が描かれ、見るものを圧倒しながら迫ってくる。天に昇る龍のごとく、勢いのある年が訪れることを願う。

龍門瀑

若水祭

暦が1月1日に変わって寅の刻（午前3時）、闇の中を隠火の灯りを頼りに「朝日泉」の扉が開かれる。柄杓《ひしゃく》を下ろして若水を竹筒にくみ、内・外宮の神前に供えて一年最初の歳旦祭が営まれる。「京のお伊勢さん」と親しまれる日向大神宮は、東海道を往来した旅人たちが道中の安全を祈るなど、信仰を集めてきた。清和天皇（平安前期）の時代、この霊泉の水が万民に与えられて、伝染病が鎮まったといわれ、正月三が日の間、参拝者にも授与される。

かざし

巫女さんが清々と神楽鈴を振る。その透き通った音色に心身とも清められてゆく気がする。額の「前天冠」には、飾りの紅白梅の小枝が挿され、一足先に馥郁《ふくいく》とした香りが匂い立つようである。古くから草花を髪や身につける風習は「挿頭《かざし》」と呼ばれ、神に仕える者の標として、自然の尊さを晴れやかに演出してきた。大寒もすぎ、少しずつ寒さもゆるみ、春の到来が待ち遠しい。

人日

1月7日は、人日《じんじつ》（五節句の一つ）と呼ばれ、この日に「白《あお》馬《うま》」を見ると年中の邪気が払われるとされてきた。上賀茂神社では、春の七草（セリ・ナズナ・ゴギョウなど）を入れた粥を神前に供え、二の鳥居前から本殿へ曳かれてきた神馬に大豆が与えられる（白馬奏覧神事）。この日、厄除けに七草粥を食する習慣が古くからあり、接待で出された粥を口にすると、芯から冷えた体が温まってゆく。

「商売繁昌で笹もってこい！」

威勢のよいかけ声でなじみ深い「えべっさん」をはじめ、福々しい表情の七福神をのせた「宝船（えびす船）」が、賑やかに四条通を巡行する。八坂神社の「蛭子社《えびす》」は、平安時代から祀られているといわれる。大阪の今宮戎とも縁続きで、毎年大晦日には福娘も訪れて、鯛が奉納される。「初えびす」には、大判・小判・鯛などが結ばれた「福笹かざり」が、家内安全と商売繁昌を願う参拝者に授与される。

えびす船

張り詰めた冷気の中で、竹の緑が雪に映える。洛北一乗寺にある圓光寺は、禅の厳しさと自然の穏やかな雰囲気を併せ持つ名刹で、本堂前には「十牛之庭」が広がり、南側の洛北最古といわれる泉水「栖龍池」には澄んだ水が満ちている。庭の最奥に広がる竹林は、五代目住職・魯山玄璠と親交のあった画家・円山応挙（1733～95）が好んで描いた場所で「応挙竹林」と呼ばれてきた。

一灯

寒さも極まる「大寒」（1月20日頃）。方丈（本堂）の燭台にともされたロウソクの炎がゆっくり立ち上る。常照皇寺は、南北朝時代に北朝初代の天皇となった光厳天皇が出家し、丹波山国荘にあった無住の成就寺を改めたのが始まりである。禅僧・夢窓疎石に帰依し無範和尚となった光厳天皇は、雪の降り積もる境内に佇んで、周りの木々や野の猪鹿も、けなげに生きる命であり、自分もその仲間であると深い感慨にふけったと伝わっている。

音無の滝

凍えるように眠る森の中で、水音が絶えてしまった音無の滝。「天台声明《てんだいしょうみょう》」（仏教の儀式音楽）の道場として来迎院を再興した良忍上人（平安時代後期）が、滝に向かって修行をしていると、滝音とその声が唱和して、ついには滝の音が消えたという。洗練された魚山（大原）声明の響きは日本音楽のルーツともいわれ、謡曲や浄瑠璃、演歌などにもその流れが生きているという。

笹酒

お不動さん（狸谷山不動院）の年初の縁日「初不動（28日）」。不動明王は、すべての悪を強い力で調伏すると信じられている。本堂内で修験道山伏による護摩が焚かれると、忿怒の形相をした顔が炎に浮かび上がってくる。法要がすむと「ガン封じ」の笹酒が参拝者に振る舞われる。適度に温められ、竹の香りがついた酒で御利益を授かる。当院は、都の表鬼門、比叡山の西麓の山間に開かれ、懸崖造りの舞台からは、京都市内の遠くを見渡せる。

輝きを増した早春の光の中で、大蓮寺では透明感のある黄色の唐梅（ロウバイ）が花の盛りを迎え、甘い芳香も漂って境内が華やぐ。本堂内には、伝説を秘める慈覚大師円仁作の阿弥陀如来像が祀られ、安産祈願のお寺として信仰を集めている。また八坂の祇園社感神院（現在の八坂神社）とのゆかりも深く、祇園社から移された薬師如来像と、十一面観音菩薩像も安置され、洛陽三十三所観音霊場第八番札所としても知られている。

鬼目突

節分は季節の変わり目。その隙をねらって鬼（災い）がやってくると恐れられた。焼鰯《いわし》の頭を柊《ひいらぎ》の小枝に挿した「魔除け」を門口に付けて、棘と臭いで退散を願った。鰯の頭も信心からの由来である。また「鬼ハ外、福ハ内」と、升に盛られた豆をまくのも、歳の数にひとつ加えた豆を食するのも、邪気を祓い、幸せの訪れをねがう風習である。翌2月4日は「立春大吉」。陰が陽気に転じて、日ごとに春を感じるようになる。

梅見

八坂神社から祇園下河原通りを下り、「石塀小路」と書かれたガス灯風の行灯に導かれ、石畳の細い路地を入ってゆく。両側には、落ちついた雰囲気のお茶屋や料理旅館などが続き、路地の先を折れると、軒先に艶っぽく咲いた紅梅に目が引きよせられる。2月4日は、暦の上では「立春」。春の始まりとはいえまだ底冷えのする寒い時期であるが、心なしか光もやわらぎ、馥郁《ふくいく》とした梅の香りが早春の気配を運んでくる。

雨水

北山に舞い降りた雪が朝日を受けて溶け、輝く水滴が早春の到来を告げる。二十四節気のひとつ「雨水」は、暦の上では立春から数えて15日目（2月19日）にあたる。池の氷も溶け、雪から雨に代わり季節の移ろいが感じられる。大地も潤い、冬の間じっと耐えていた命が息吹き始めるころといわれ、木々の梢の先にかすかな芽吹きの色合いも見いだされる。

小松引き

春まだ浅く、小雪も舞う季節。野辺に出で若菜を摘む遊びが、遠く平安時代の宮中でおこなわれていた。上賀茂神社では、毎年2月乙子の日に、この風習が神事としておこなわれている神職が揃って「御阿《みあ》礼野《れの》」(燃灯祭)。に赴き、小松(松の新芽)を引いて戻り、玉箒草とともに奉書紙に包んで神前へ供え、春の訪れを感謝します。

子の日する
野辺に小松のなかりせば
千代のためしに
何をひかまし

壬生忠岑(拾遺和歌集)

鍾馗さん

京都の底冷えにひたすら耐え、屋根瓦の上で右手に太刀を持ち、髭面で遠くをギラッと睨む。どことなく愛嬌のある土人形は「鍾馗《しょうき》さん」と親しみを込めて呼ばれる。中国道教に登場する強い神様の姿で、家に入る邪気を防ぐまじないである。昔、三条付近の薬屋に新しく取り付けられた大きな鬼瓦に睨まれ病に伏せった向かいの奥さんが、鬼より強い鍾馗を作らせて、降りかかる邪気をはね返したという巷話も伝わる。

東風

梅の花をこよなく愛した平安時代の学者で歌人、菅原道真公。「東風《こち》吹かば 匂ひおこせよ梅の花 あるじなしとて春をわするな」と、京の都から太宰府へ旅発つ折に詠んだ。北野天満宮の祭神、学問の神として信仰をあつめている。2月25日の命日には、神前に紅白の梅を挿した「香立」などを供えて「梅花祭」が営まれる。早春の光と、ほころんだ梅の馥郁《ふくいく》とした香りに包まれ、上七軒の芸舞妓さんによる華やかな野点席も設けられる。

土筆

雪解け水が、早瀬をつくり、浅春の光が照り映えて、キラキラ目に沁みる。冬の寒さに耐え、黒い土に光を吸収し春の兆しを感じて、草間からニョキニョキと姿を現した「土筆《つくし》」。春をデッサンする絵筆のようにも思える。源氏物語「早蕨《さわらび》」巻には、「わらび、つくづくし（つくし）、をかしき（しゃれた）籠に入れて……」と、早春の風景が描かれている。摘み草は調理され、口に運ぶとほろ苦さが広がる。

有楽椿

やわらかな日差しを受けた苔庭に、大木から散った薄桃色の椿が彩りを添える。足利尊氏によって創建（1341年）され、衣笠山の南に広がる等持院。その西庭の小高い丘に立つ茶室「清漣亭」前の椿は、豊臣秀頼が当寺を復興（1606年）した際に植えたといわれ、樹齢400年にもなる。2月末から咲き始めた侘助型の小ぶりな花は、織田信長の弟で茶人・織田有楽斎《うらくさい》が好んだことから、特に「有楽椿」と呼ばれている。

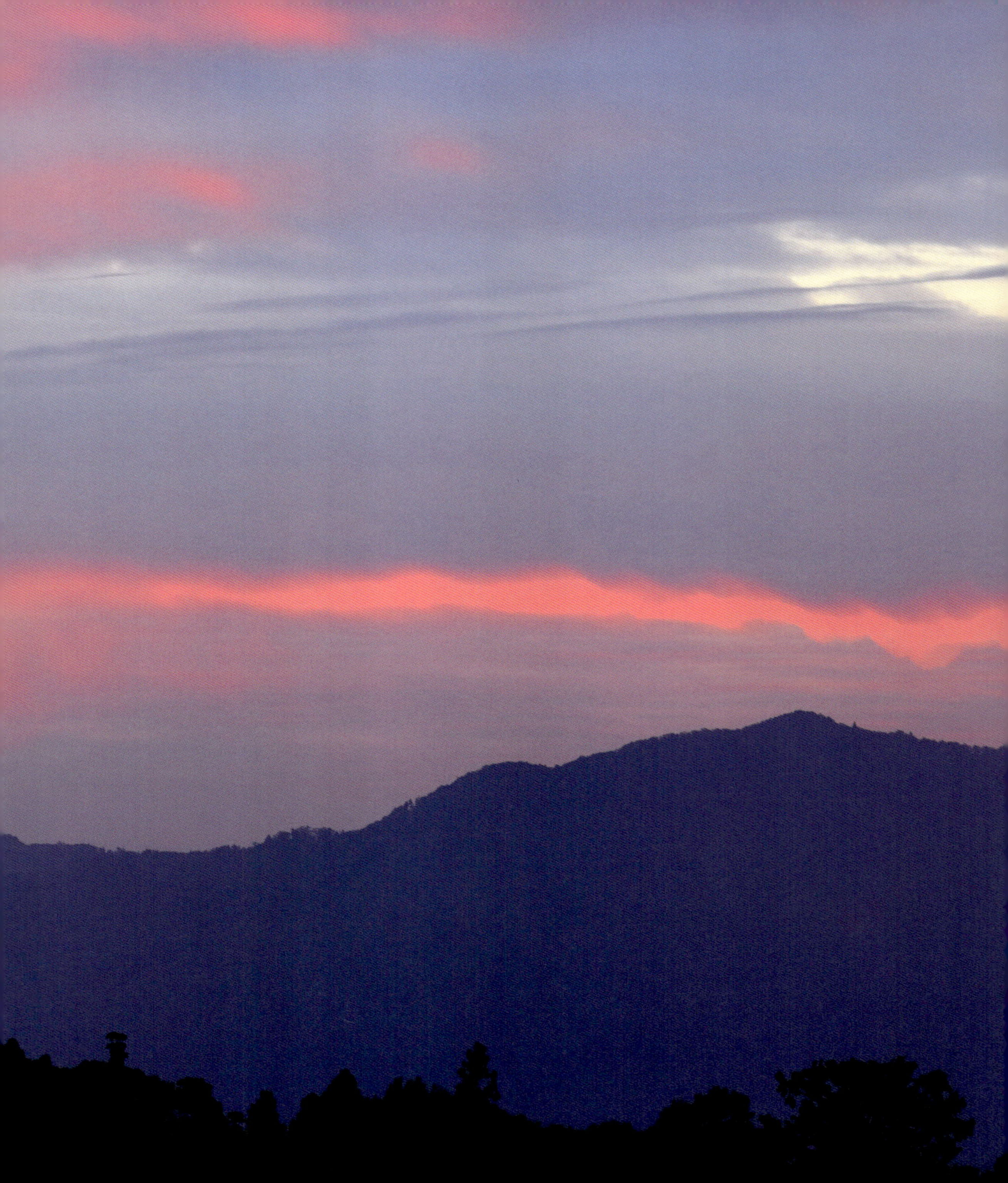

二十四節気考

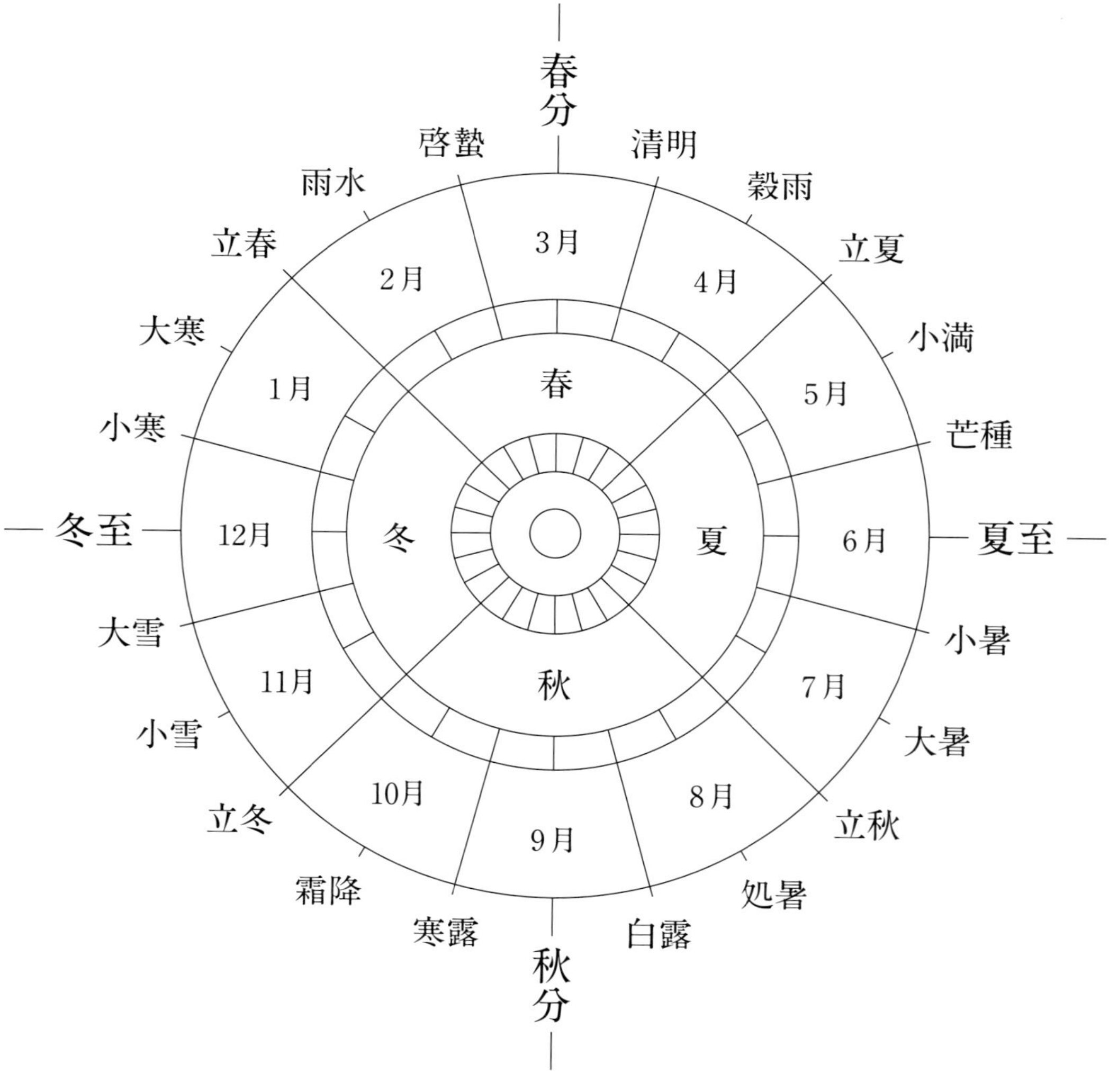
春分
啓蟄
清明
雨水
穀雨
立春
立夏
大寒
小満
小寒
芒種
冬至
夏至
大雪
小暑
小雪
大暑
立冬
立秋
霜降
処暑
寒露
白露
秋分
1月
2月
3月
4月
5月
6月
7月
8月
9月
10月
11月
12月
春
夏
秋
冬

二十四節気とは

一年を春夏秋冬の四季に分け、さらにそれぞれを六つに分割して立春、春分、立夏、夏至、秋分、冬至などの名前をつけて二十四等分したもので、季節を表すことばとして用いられています。

節分の翌日は「立春」。暦の上では春と、季節の話題にもなるが、京都などでは一年で最も寒い時期。これは「寒さ極まって春の気きざす」と、もうこれ以上寒くならず、あとは暖かくなるだけという意味も含んでいる。春分（3月21日頃）と秋分（9月23日頃）は、昼夜の長さがほぼ同じとなり、また太陽が真東から昇り、真西に沈むのが特徴。極楽浄土（彼岸）が西にあると信じられてきた日本では、この日お墓参りなどをして先祖をしのぶ日になっている。「暑さ寒さも彼岸まで」といわれるように、日増しに気候が和らいで、しのぎやすくなるのもこの頃から。そして、昼が最も長くなる夏至、夜が最も長くなる冬至などを経ながら一年が循環してゆく。

本書では、京都で行われている行事や、花の咲き具合などの季節感を考慮しながら実際的に捉えて「春（3・4・5月）」、「夏（6・7・8月）」、「秋（9・10・11月）」、「冬・新春（12・1・2月）」と四季を区切って構成し、記事を進めた。

協力社寺等一覧（アイウエオ順）

秋元神社	京都市左京区八瀬秋元町639
	「赦免地踊」10月第2日曜
愛宕神社	京都市右京区嵯峨愛宕町1
新熊野神社	京都市東山区今熊野椥ノ森町42
	「綱掛祭」12月23日
今宮神社	京都市北区紫野今宮町21
	「御神楽」10月8日・9日の例祭の前夕神事。要日程確認。
	「やすらい祭」4月第2日曜
石清水八幡宮	八幡市八幡高坊30
	「菊花祭」9月9日
大田神社	京都市北区上賀茂本山340
上賀茂神社	京都市北区上賀茂本山339
	「人日」白馬奏覧神事 1月7日
	「燃灯祭（乙子の神事）」2月第2の子の日の神事
上御霊神社	京都市上京区上御霊前通烏丸東入ル上御霊竪町495
	「御霊祭」5月1日-5月8日
北野天満宮	京都市上京区馬喰町
	「梅花祭」2月25日
	「ずいき祭」10月1日-10月5日
京都生活工藝館 無名舎	京都市中京区新町六角下ル六角町363
清水寺	京都市東山区清水1丁目294
	「春彼岸会」3月の彼岸入り
空也堂（光勝寺極楽堂）	京都市中京区蛸薬師通堀川東入ル亀屋町288
	「空也忌」11月第2日曜
熊野神社	京都市左京区聖護院山王町
	「火焚祭」11月20日
車折神社	京都市右京区嵯峨朝日町23番地
	「三船祭」5月第3日曜
鞍馬寺	京都市左京区鞍馬本町1074
	「竹伐り会式」6月20日

建仁寺	京都市東山区大和大路四条下ル小松町584
	「成道会」12月第1週
源光庵	京都市北区鷹峯北鷹峯47
庚申堂	京都市東山区金園町390-1
古知谷阿弥陀寺	京都市左京区大原古知平町83
高桐院	京都市北区紫野大徳寺73-1
護王神社	京都市上京区烏丸通下長者下ル桜鶴円町285
	「亥子祭」11月1日
御香宮神社	京都市伏見区御香宮17前町174
	「風流傘」御香宮神幸祭（伏見祭）の行事。9月最終土曜-10月第1週日曜
嵯峨祭奉賛会	京都市右京区嵯峨野々宮町
三宝寺	京都市右京区鳴滝松本町
	「ほうろく灸祈祷」土用の丑の日
詩仙堂	京都市左京区一乗寺門口町27
下鴨神社	京都市左京区下鴨泉川町59
	「流しびな」3月3日
	「流鏑馬神事」5月3日
	「葵祭　社頭の儀」5月15日
十輪寺	京都市西京区大原野小塩町481
	「業平忌」5月28日
正伝寺	京都市北区西賀茂北鎮守庵町72
常照寺	京都市北区鷹峯北鷹峯町45
	「吉野太夫花供養」4月第2日曜
常照皇寺	京都市右京区京北井戸町
城南宮	京都市伏見区中島鳥羽離宮町7番地
神光院	京都市北区西賀茂神光院120
神護寺	京都市右京区梅ケ畑高雄町5番地
神泉苑	京都市中京区御池通神泉苑町東入ル門前町166
	「恵方回し」12月31日
随心院	京都市山科区小野御霊町35
	「はねず踊り」3月の最終日曜日
清凉寺	京都市右京区嵯峨釈迦堂藤ノ木町46

	「お松明式」3月15日
千本ゑんま堂	京都市上京区千本通蘆山寺上ル閻魔前町34
千本釈迦堂	京都市上京区七本松通今出川上ル
	「大根だき」12月7日・8日
宗蓮寺	京都市北区中川北山町214
大文字送り火保存会	京都市左京区銀閣寺価値25番地
	「京都五山送り火」8月16日
狸谷山不動尊	京都市左京区一乗寺松原町6
	「笹酒」初不動での笹酒接待。1月28日
大覚寺	京都市右京区嵯峨大沢町4
大悲閣千光寺	京都市西京区嵐山中尾下町62
大蓮寺	京都市左京区二条通東大路西入ル一筋目下ル457
天授庵	京都市左京区南禅寺福地町
天道神社	京都市下京区仏光寺通猪熊西北角615
	「天道花神事」5月17日
天龍寺	京都市右京区嵯峨天龍寺芒ノ馬場町68
等持院	京都市北区等持院北町63
日本今様謌舞楽会	京都市右京区嵯峨新宮町69-9
野宮神社	京都市右京区嵯峨野宮町1
	「嵯峨祭」5月第3日曜神幸祭、5月第4日曜還幸祭
日向大神宮	京都市山科区日ノ岡一切経谷町29
	「若水祭」1月1日
平野神社	京都市北区平野宮本町1
料理旅館 ひろ文	京都市左京区鞍馬貴船町87
伏見稲荷大社	京都市伏見区深草藪之内町68番地
	「本宮祭」7月の土用の入の最初の日曜日、または祝日（その前日が宵宮）
（公財）船鉾保存会	京都市下京区新町通仏光寺上ル船鉾町402
平安神宮	京都市左京区岡崎西天王町97
	「時代祭」10月22日
法観寺（八坂の塔）	京都市東山区清水八坂上町388
法輪寺	京都市西京区嵐山虚空蔵町
	「針供養」2月8日と12月8日

「十三まいり」春・3月13日-5月13日、秋・10月1日-11月31日

堀八重　京都市東山区宮川町筋
「事始め」1月13日（非公開）

松尾大社　京都市西京区嵐山宮町3
「夏越神事」6月28日-6月30日

萬福寺　宇治市五ケ庄三番割34
「普度勝会」10月中旬

みなとや　京都市東山区松原通大和大路東入ル2丁目轆轤町80-1
「幽霊子育飴」

壬生寺　京都市中京区坊城仏光寺北入ル
「壬生狂言」2月節分当日と前日、4月29日-5月5日、10月連休3日間
※「炮烙割」は春のみ上演

八坂神社　京都市東山区祇園町北側625番地
「えびす船」蛭子社祭。1月9日-10日、えびす船巡行は9日

矢田寺　京都市中京区寺町通三条上ル天性寺前町523
「かぼちゃ供養」12月23日

由岐神社　京都市左京区鞍馬本町1073番地
「サイリョウ」は鞍馬の火祭の掛け声。10月22日

善峯寺　京都市西京区大原野小塩町1372

落柿舎　京都市右京区嵯峨小倉山緋明神町20

龍源院　京都市北区紫野大徳寺町82-1

両足院　京都市東山区大和大路四条下ル4丁目小松町591

冷泉家　京都市上京区今出川通烏丸東入ル玄武町599番地
「七夕（乞巧奠）」

霊鑑寺　京都市左京区鹿ケ谷御所ノ段町12番地
「花御堂」4月8日（非公開）

鹿王院　京都市右京区嵯峨北堀町24

廬山寺　京都市上京区寺町通広小路上ル北之辺町397

六角堂　京都市中京区六角通東洞院西入ル堂之前町248

※データは2019年のものです。
※行事・祭事等はその年によって変わる場合があります。非公開のものもあるのでご注意ください。

あとがき

中田　昭

京都新聞夕刊紙上へ、当時、京都新聞ＣＯＭ営業部（企画制作担当）に在籍されていた辻田和樹氏から「・京・瞬・歓・」というテーマで写真と文章の記事の依頼を受け、２０１０年5月から連載を始めることになった。

掲載日にできるだけタイミングを合わせ、京都で培われた奥深い話題と季節感のある写真をポイントにテーマを選び出し記事を進めた。最初は1年、長くても2年くらいのつもりで連載を続けたところ、読者からの問い合わせや好反応を頂いて、通算２４８回（２０１９年、9月現在）9年にわたる連載となっている。１５０回目ころから書籍化する思いが募り、京都新聞出版センター長の岡本俊昭氏や担当編集者の松村麻也子氏に相談していたところ、熱心にご検討いただいて単行本化が決定した。これほど長い連載になっているのは、京都の歴史や風土で育まれた文化の多様性や自然の豊かさに後押しされているせいであると、つくづく思う。

私は、京都で生まれ育ち、写真家として35年あまりの歳月を送ってきた。一時期、その歴史と風土に息苦しさを感じ、京都から遠く離れて生活した時期もあった。宗教やことば、価値観の違う異文化の中に身を置きたいという若さゆえの気持ちであった。書籍などから得る知識や映像を目にして願望が募り、ヨーロッパや中近東で1年半ほど過ごして様々な経験をしたが、旅の後半になるとこれまで意識的に避けてきた「京都」の風土や文化が新鮮に感じられるようになり、一から撮影してゆく覚悟ができあがった。長い歴史ゆえの奥深い文化の重なり、箱庭的な土地の隅々にまでゆきわたった造形感覚など、その魅力や写真のテーマは尽きることなく、次々と現れる。

本書は連載した中から120テーマほどを選び、カラー写真で再編成したもので、四季の魅力を捉えた『枕草子』（清少納言）のことばを扉にそえた。

単行本のレイアウトや装幀まで、現在、京都新聞デザインセンター顧問である辻田氏に担っていただいた。

結びに、度々の撮影に快く応じていただき、紙面と単行本への掲載をお許し頂いた関係社寺などの皆さまに深く謝意を表したいと思う。

2019年9月　吉日

著者略歴

中田　昭（なかた・あきら）

昭和26（1951）年、京都生まれ。日本大学芸術学部写真学科卒業。芳賀日出男氏に師事。「京文化」をテーマに、風景・庭園・祭りなどの撮影を続ける。㈳日本写真家協会、日本写真芸術学会員。著書・共著に『京都御所　大宮・仙洞御所』『桂離宮　修学院離宮』『京都　祇園祭』（京都新聞出版センター）、『京都の祭暦』『源氏物語を行く』（小学館）、『日本の庭・京都』（パイインターナショナル）、『京都　春夏秋冬季節のことば』『四季・京都の庭園』（光村推古書院）など多数。

装幀・デザイン

辻田和樹（京都新聞デザインセンター）

・京・瞬・歓・

発行日　2019年10月15日　初版発行

著　者　中田　昭

発行者　前畑知之

発行所　京都新聞出版センター

〒604-8578　京都市中京区烏丸通夷川上ル

Tel.075-241-6192　Fax.075-222-1956　http://kyoto-pd.co.jp/

印刷・製本　双林株式会社

ISBN978-4-7638-0724-3 C0026